U0870670

完美谈判

技巧与心理策略

邵 宏 著

中国商业出版社

图书在版编目（CIP）数据

完美谈判：技巧与心理策略 / 邵宏著 . -- 北京：
中国商业出版社，2022.6
ISBN 978-7-5208-2083-7

Ⅰ . ①完… Ⅱ . ①邵… Ⅲ . ①谈判学 Ⅳ .
① C912.35

中国版本图书馆 CIP 数据核字（2022）第 103385 号

责任编辑：刘加莹
策划编辑：武维胜

中国商业出版社出版发行
（www.zgsycb.com　100053　北京广安门内报国寺 1 号）
总编室：010-63180647　编辑室：010-83128926
发行部：010-83120835/8286
新华书店经销
北京亚吉飞数码科技有限公司
*
710 毫米 ×1000 毫米　16 开　14.25 印张　157 千字
2022 年 6 月第 1 版　2022 年 6 月第 1 次印刷
定价：56.00 元
* * * *
（如有印装质量问题可更换）

前言 PREFACE

谈判是一门科学，更是一种艺术，生活和工作中处处存在谈判，掌握谈判技巧，懂得谈判心理，能让你在各种谈判过程中充分争取自身权益、释放个人魅力。

面对谈判时紧张不知所措，不知从哪里开始着手准备？在谈判中词不达意，往往事后才想到如何应对？在与实力强劲的谈判对手过招时，没几个回合就阵脚大乱？谈判陷入僵局，不知如何寻找转机？……你的谈判技巧需要进一步得到提升。

本书系统阐述实用有效的谈判技巧，教你巧用心理策略，在谈判中争取主动权。跟随本书，了解谈判、懂得谈判、掌控谈判。首先，带你来认识谈判，让你了解实现成功谈判需要掌握哪些要素，充分认识会谈判对人生发展的积极影响；其次，手把手教你使用谈判的技巧，帮你做好谈判前的准备工作，增加谈判筹码，提升谈判实力，掌控谈判全局；最后，为你深入解析谈判心理战术与策略，梳理常见谈判误区，帮你强化自身谈判优势，让你在谈判中能始终保持头脑清晰、充满自信，轻松实现谈判目标。

本书内容丰富，逻辑清晰，语言通俗易懂，能给喜欢、从事和研究谈判工作的人以切实有效的指导和启发。本书还特别列举了与谈判相关的名人名言、典故、案例，集实用性与趣味性于一体，能让读者在轻松的阅读氛围中提升谈判能力。

巧用技巧，读懂心理，讲究策略。阅读本书，你也可以成为谈判高手。

作者

2022 年 3 月

目录 CONTENTS

CHAPTER 1

第一章

认识无处不在的谈判

只有国家政要、商业精英才需要谈判吗？其实不然。生活中处处存在谈判，小到日常琐事，大到国际谈判，人人都要参与交际，人人都要谈判。谈判是一门艺术，讲究方法和技巧，高效的谈判可以让我们在维系良好人际关系的前提下争取到自己想要的事物。可见谈判的作用是巨大的，谈判是值得我们了解和掌握的。

谈判就是辩输赢吗

生活中处处有谈判，谈判也时刻在我们身边发生着，那么你真的知道什么是谈判吗？要想成为真正的“谈判专家”，争取谈判成功，获得最大利益，首先就要全面深入地认识和了解谈判。

在交谈中，判断比雄辩更重要。

——［西班牙］格拉西安

谈判是场辩论赛吗

古有百家争鸣、相互游说，今有商业洽谈、利益相争，各种各样激烈的谈判场景可谓令人印象深刻。而这也容易使人误认为谈判就是辩论赛，只要坐在了谈判桌前，就是进入了辩论赛场，不争个输赢誓不罢休。

谈判中存在激烈争辩的情况在所难免，但不能因此就认为谈判就是辩论赛。谈判不等于辩论，不是要定输赢，谈判也不等于比口才好，更不是谁能说服对方就能取得谈判成功。谈判的双方不是辩论的对手，而是合作的对象；谈判的目的不是辩赢对方，而是达成共识与合作。所以请切记，不要把谈判场合当成辩论赛场，否则就会赢了辩论而输了合作。

有这样一名员工，平日在工作中总是爱斤斤计较，凡事不争个对错决不罢休，平时同事都对其敬而远之。

一次，领导安排这位员工和一位重要客户磋商一下双方的合作事宜，可是谈判进行到一半，双方的意见就出现了分歧。此时，这名员工并没有就分歧进行协商，而是和对方起了激烈的争执，不但不做任何让步，还凭借自己的口才优势让对方没有插话的机会，造成谈判根本无法正常进行，最后客户愤然离场，这场谈判也以失败告终。

本来十拿九稳的合作，到了这名员工这里却宣告破裂，这不得不说和这名员工糟糕的谈判有着直接的关系。

谈判中意见不同在所难免，但会谈判的人从来不会让对方下不来台，更不会使谈判陷入僵局。他们知道，谈判不是雄辩天下，不是舌战群儒，不是固执己见，也不应置对方于尴尬的境地。

所以，我们要对谈判本身有一个客观的认识，要知道谈判不是辩论赛，更不是为了辩出输赢。

到底什么是谈判

很多人对谈判的认识不够深刻，对谈判这种活动产生了一些片面的认识。

除了将谈判视作辩论，还有人将谈判看作一种沟通方式。不可否认，谈判的确是一种沟通方式，但绝不是我们平时所认为的沟通方式。日常的沟通是双方陈述事实、交换信息的过程，较少涉及利益的争夺。但谈判过程中，双方不仅要交换信息，还要权衡利弊，采用不同的方法和策略使对方更改策略，做出有利于己方的决定。从关系上说，沟通是谈判的一种手段，谈判通过沟通技巧来达成最终目的。

也有人认为，谈判就是讨价还价。讨价还价含有斤斤计较的意味。在讨价还价中是没有共赢可言的，而且讨价还价也是缺乏解决问题能力的一种体现。很明显，谈判并不是讨价还价。

那么，到底什么是谈判呢？

可以这样来理解，谈判就是处在不同立场的人，为了满足各自的需求，而相互磋商并达成协议的过程。这个相互磋商的过程是具有互动性的，如果一方固执己见，解决问题的方式一意孤行，那么就不能称之为谈判。

古今很多脍炙人口的谈判故事，都可以很好地阐释谈判的定义，“触龙说赵太后”就是其中一个。

战国时期，遭受秦国攻击的赵国不得不向齐国求救。齐国同意出兵相助，但前提是要赵太后的小儿子做人质。疼爱小儿子的赵太后自然难以接受这个要求，而且不愿意听任何人的劝谏。

左师触龙见到赵太后之后并没有直接劝谏，而是拉起了家常，问候赵太后的饮食起居，先让赵太后放下戒备心，然后又将话题慢慢引向主题，阐述“父母之爱子，则为之计深远”的道理，最终说服赵太后改变最初的观点，答应送小儿子到齐国。

可见，谈判是一个说服的过程，谈判的结果是双方达成共识，同时也可以看出，谈判是需要技巧的。

谈判有术，谈判既是一门科学，又是一门艺术。谈判高手总是能精准地把握谈判的核心本质，他们心中有韬略，有着明确的目标，懂得攻守的策略，善用心理战术，也总是能够从谈判中获益，将谈判艺术发挥到极致。

要想获得商业机会，想要升职加薪，或者想要获得其他事物，都需要通过谈判来取得，可以说谈判的作用和意义是巨大的，而这也是学习谈判的重要原因。

成功谈判的几大要素

任何一场谈判，如果缺少了必要的要素，就不能成功开展。谈判要素是前提、是基础，认识与了解这些要素便能顺利发起谈判，合理把握谈判过程，为取得理想的谈判效果奠定良好基础。

语言最能暴露一个人，只要你说话，我就能了解你。

——［英］本·琼森

构成谈判的基本要素

◆ 谈判当事人

谈判当事人是谈判的主体，在谈判中，人是最重要的构成要素，如果没有了人的参与，那么谈判也将不复存在。

谈判当事人具体指谈判双方人员。当双方有合作意向但存在合作分歧时，就需要通过谈判来实现进一步的沟通与交流，以期达成共识、合作共赢。

谈判有很多种类型，如商务谈判、企业内部谈判、法律谈判、医保谈判等。在不同类型的谈判中，当事人是不同的利益者。

A 公司与 B 公司就某项合作进行谈判。谈判当日，A 公司与 B 公司分别派出本公司的职员组成谈判小组参加谈判。这些小组的各成员就是谈判当事人。

第一轮谈判结束后，A 公司与 B 公司在某些方面仍存在分歧，于是约定了第二轮谈判。

第二轮谈判中，A 公司与 B 公司分别委托了代理人进行谈判协商，双方代理人在谈判过程中充当 A 公司与 B 公司的发言人的角色，因此代理人也是谈判当事人。

在双方代理人的共同努力下，A 公司与 B 公司最终达成共识。

谈判当事人是谈判的亲历者、参与者、推动者，在整个谈判中发挥着举足轻重的作用，是谈判的关键要素，不容忽视。

谈判当事人是谈判的主体

◆ 谈判议题

谈判议题，即谈判当事人需要讨论的具体问题。谈判议题是谈判活动的中心。

正是由于谈判议题这一要素的存在，才有了谈判的发生，并通过谈判议题的解决情况推动谈判过程的不断发展，促使谈判最终走向成功或失败。

对于谈判当事人来说，充分认识和了解谈判议题至关重要。

谈判前，谈判当事人应熟悉谈判议题的具体内容，分析双方谈判的主要议题和议题解决方案。

谈判中，谈判当事人应准确判断对方和己方在解决议题过程中所能做出的最大努力和最大妥协，围绕谈判议题的解决方式与方法不断试探对方，寻求共识。

可以说，谈判议题是谈判活动的中心，没有谈判议题，谈判将无法开始。

◆ 谈判方式

表明谈判意向后，双方会以某种方式进行谈判沟通。谈判方式的不同决定了谈判双方在谈判中以怎样的方式进行沟通，以怎样的进程开展谈判活动。

谈判的方式主要有四种，即直接谈判、间接谈判、横向谈判、纵向谈判。参与谈判的利益双方和谈判当事人可以结合实际情况来约定具体的谈判方式。

不同谈判方式各具优点，简单总结如下。

直接谈判——谈判双方直接接触（面谈、视频等）并展开谈判，不需要任何第三方介入，有利于商业保密，节省谈判环节和费用，高效直接。

间接谈判——谈判双方委托代理人进行谈判。

横向谈判——就多个议题同时进行讨论和谈判，当一个议题无法继续进行时可暂时搁置，讨论其他议题。

纵向谈判——谈判程序明确，每次集中讨论一个议题，针对各个议题逐一进行谈判。

◆ 谈判背景

谈判背景则是指谈判的客观环境与条件。它对谈判的发起、发展以及结束等均有重要的影响，是构成谈判的基本要素。

“完璧归赵”的故事家喻户晓。在这个故事中蔺相如与秦王的谈判过程曲折而惊险。和氏璧和蔺相如相继安全返回赵国，离不开蔺相如对谈判背景的有效利用。

赵国得美玉和氏璧。秦王提出用十五座城池来换和氏璧。秦强赵弱，赵王无法回绝，派蔺相如去见秦王。

蔺相如带玉璧初次面见秦王时，秦王高居王座，对玉璧看了又看，却绝口不提交割城池之事。相比大殿上的各种欢呼道贺，此时的蔺相如无人理睬，毫无谈判优势。为了创造谈判机会，蔺相如谎称玉璧上有瑕疵要指给秦王看，当秦王将玉璧递给蔺相如时，谈判背景发生了变化。蔺相如手握玉璧，掌握了谈判主动权，以欲撞柱使人亡璧碎要求秦王沐浴斋戒，举办接受玉璧仪式，秦王只得答应。

蔺相如再见秦王时，玉璧已被送回赵国。蔺相如谈判底气更足，要求秦王交割城池，否则只能背负不讲诚信的坏名声。秦王虽恼怒却又无可辩驳。杀蔺相如无益反落恶名，以城池换玉璧的事就此作罢。蔺相如亦安全返回赵国。

面对秦国和秦王，赵国和蔺相如无疑处于谈判的劣势，但正是因为知道如何创造谈判机会，改变谈判背景，争取谈判优势，蔺相如才能全身而退。

成功的谈判离不开这两个要素

◆ 互信

成功的谈判离不开互信。这里的互信包括两层含义：一是信任，不欺瞒哄骗；二是守信，遵守承诺。

首先，信任是成功谈判的前提。

谈判的根本目的在于谋求共识，即必须建立在相互信任的基础上，如果缺少了这个要素，谈判就没有进行的必要，也不会成功。

谈判双方彼此猜疑，不能相互信任，即使能坐下来面对面谈判，也不能做到开诚布公，这就会使谈判进程缓慢、过程艰难，谈判双方也很难达成共识。

有这么一则寓言故事很好地揭示了谈判双方应互信的道理。狐狸与狼曾经住在一起。狐狸负责寻找猎物和布置陷阱，狼负责驱赶和宰杀猎物，成功狩猎后共同享用食物。可是狐狸看不起愚蠢的狼，总是想方设法在狩猎之前的谈判中要求享用最鲜美的食物，否则就不告诉狼陷阱的位置；而狼则仗着自己的凶猛欺压狐狸，想要在狩猎之前的谈判中要求分到更多的食物，否则就让狐狸饿肚子。狐狸怀疑狼会偷吃，而狼怀疑狐狸故意不告诉自己陷阱的位置是有意加害自己。就这样，双方互不信任而僵持不下，最终只能都饿肚子。

这个寓言告诉我们，在谈判中，必须拿出足够的诚意，不能做狡猾多疑的狐狸，也不要做霸道猜忌的狼。

其次，守信是成功谈判的延续。

成功的谈判不仅在于谈判双方达成共识，还在于谈判结束后双方遵守谈判约定。如果说谈判中的任何一方不能遵守承诺，那么再互惠互利的谈判约定也只能是空谈。

战国时期，秦在西，六国南北相连在东。秦国强大，六国“合纵”抗秦 15 年之久。秦国自西向东“连横”结交各诸侯，打破六国的“合纵”之势。在“合纵连横”中，“合纵”抗秦的六国建立在相互信任的基础之上，但在秦“连横”之后，六国之间的信任被打破，有的诸侯国未能遵守“合纵”谈判之约，联盟瓦解，最终导致六国先后灭亡，秦实现大一统。

成功的谈判应不仅止于谈判本身，只有践行谈判承诺，才能真正达成谈判的目的，才是成功的谈判。

◆ 互尊

互尊，就是谈判双方相互尊重。

试想一下，如果谈判双方彼此不能相互尊重，那么双方还有可能真正坐下来进行谈判吗？彼此在谈判过程中能真正开诚布公、互惠互利吗？显然是不可能的。

谈判双方难以实现互尊，谈判很难开始，即使开始也可能随时中断，更不要说取得成功的谈判结果。没有了互尊，任何为谈判做出的准备和努力都将成为无用功，谈判根本无法顺利开展，也难以成功。

凡事皆可谈判

小到家庭，大至国家，谈判无处不在。这也就意味着任何值得商讨的事情都可以成为谈判议题，都可以为之展开谈判。

不同的人、企业、组织对同一件事情难免有不同的看法。当不同的利益双方想要追求自己的利益但又需要与对方合作或得到对方的支持时，谈判的前提就产生了。

一场成功的谈判，每一方都是胜利者。

——［美］尼仑伯格

商务谈判

商务谈判是谈判中最为人们熟知的一种谈判类型，是现代社会经济中的重要组成内容和活动。

作为市场经济中非常活跃的成员，任何一个企业要靠一己之力参与市场竞争、融入市场发展显然是比较困难的。尤其是在社会分工精细化的今天，企业的发展离不开企业的自主生产和创新，更离不开企业与上下游企业甚至竞争企业的合作。

商场如战场。竞争与合作无处不在，商务谈判也在企业的竞争与合作中经常出现。成功的商务谈判可以让企业获得必要且重要的市场信息，收获经济效益、社会效益、生态效益等，并有机会去开拓更广阔的市场。

如何判断一场谈判是否为商务谈判呢？具体来说，商务谈判应具备以下几个特征。

第一，经济利益是商务谈判的最终目的。商务谈判中，谈判当事人谈判的目的一定是与经济效益相关。当然，在想要获得经济效益的基础上也期望能够获得政治效益、社会效益、环保效益等，但在众多效益目标中，获得经济效益是谈判的主要目的。

第二，价值是商务谈判的核心。商务谈判涉及诸多因素，双方在谈判中的据理力争、妥协让步都是围绕着价值展开的。价值不仅体现在价格、销售额中，也存在于品牌形象价值、企业文化价值等方面。

第三，合同是商务谈判的保障。合法、合理的商务合同对商务谈判双方有重要的法律约束价值，能确保谈判结果的顺利实现。商务合同应内容准确、合法、合理、完整，必要时，谈判双方还需要签署保密条款或保密协议。

商务谈判的顺利开展，离不开以下流程。

首先，在谈判初期，谈判双方应申明价值。简单来说就是明确需求——明确自身的谈判需求，同时也明确对方的谈判需求。

其次，在谈判中期，谈判双方应明确若谈判结果成立各自所能创造的价值，实现双方利益的共同最大化。

最后，在谈判末期，谈判双方应克服困难，积极攻坚，最终达成合作共识并签订合同。

很多人认为，商务谈判就应该是谈判双方西装革履，严肃地坐在谈判桌的两侧，谈判气氛凝重，双方剑拔弩张、互不相让的争论活动。这样的理解是错误的。

企业是商务谈判的重要参与者，个人消费者也经常扮演谈判当事人的角色。例如，很多人都有过买东西时与卖家商讨价格的经历。实际上，在日常买卖活动的讨价还价中，消费者就充当了谈判当事人中的重要一方，通过智慧和语言博弈，与卖家达成共识，从而买到自己心中性价比高的产品。这种谈判活动在日常生活中经常出现，本质上也可归类为商务谈判。

企业内部谈判

企业内部谈判是职场生活的重要组成部分，也是不可避免的。从求职开始，企业内部谈判就发生了。

求职面试时，求职者与企业招聘者之间会有一个谈判的过程。谈判的议题主要围绕工作岗位、工作内容、工作强度、薪资、福利、社保等方面开展。双方如果通过谈判可以达成共识则会安排求职者入职；双方如果不能达成共识，则求职者另寻职位。

日常工作中，为了推进某个项目或某项工作的开展，上级与下级之间会进行工作沟通。某些沟通也可视为谈判活动，如在加班时间和加班费方面，员工有与领导进行谈判的权利，可根据具体情况与企业相关负责人进行谈判。

离职时，员工和企业之间也会经历一个谈判的过程。企业不得无故辞退员工，员工可就自己的合法权益与企业人事部门进行谈判，企业人事部门则从企业规定和企业利益出发与离职员工进行谈判，最终双方通过谈判达成一致，并签署离职协议和办理离职手续。

当员工离职后创业或加入另一个企业，代表另外的企业与原企业进行沟通协商的谈判，则属于商务谈判。

法律谈判

法律谈判是建立在法律内容沟通基础上的谈判。一切以实现具体目的为主的法律沟通与对话，如签约、诉讼、调解、法庭辩论等，都属于法律谈判。

法律谈判的谈判当事人大多为律师。律师直接参与谈判，在谈判中充分发挥自己的专业优势，为自己的委托方争取最大法律权益。因此，在法律谈判过程中，谈判双方的代理律师作为谈判当事人，也承担着法律权益代理人的角色。

法律谈判有着严格的谈判流程，要求参与谈判的律师应具备较高的法律素养和专业能力。

日常谈判

日常生活中也存在谈判，只是这些谈判的议题可能是微小的，而且持续时间短，谈判双方容易达成共识，因此会被人们忽略。

但实际上，家庭生活中的谈判不在少数。比如，父母与孩子之间经常就某一件事或某些事进行协商，彼此阐明需求，提出条件，做出让步，或共同制订实施计划，这就是谈判。再如，子女对父母提出想要购买心爱的礼物的需求，家长有同意购买意向，就购买礼物的价格、款式、用途和使用规则等与子女进行讨论，经过多次讨论后，双方达成共识。

社交活动中也存在谈判，如两个好朋友约好周末出去游玩，但在游玩目的地和休闲方式等方面存在分歧，于是就具体的游玩时间、地点、方式、内容等进行沟通与谈判，最终达成一致意向，促成游玩计划的顺利实施。

上述这些谈判小而微，很容易被忽视，但在日常生活中时有发生。

外交谈判

外交谈判是指国际上国家之间的政治、军事、经济、科技、文化方面的谈判，谈判的目的在于消弭冲突、解决争端、友好合作。

在世界大家庭中，各个国家和民族都是非常重要的成员，彼此在交流的过程中协同发展，也难免会发生摩擦。这时外交谈判不可避免。外交谈判涉及多个领域，如政治、经济、文化、科技等。

外交谈判往往程序复杂严谨，在某一领域或地域内具有较大影响力，其谈判的效果鲜明，影响广泛深远。

在外交谈判中，无论是要化干戈为玉帛，还是谋求共同发展，都要求谈判双方建立在互信互利的基础上进行平等对话与交流，否则谈判就无法持续进行。

谈判要承受很大的压力

谈判是一种实力对决。有对决就必然有利弊、有高下，实力的不对等和经验的不足会令谈判者产生压力。既然这种压力不可避免，那么就要尝试去适应和承受它。

我们永远不要惧怕谈判，但永远不要因为惧怕而谈判。

——［美］肯尼迪

有谈判压力是正常的

很多亲身参与和经历过谈判的人，都有过倍感压力的情况。初次接触谈判的人，往往也会存在较大的心理压力。实际上，谈判时有压力是很正常的。

不同的人面对不同的谈判，以及同一个人在谈判的不同阶段，都有可能会或多或少心存压力。这些压力来自多个方面。

首先，来自自身的谈判压力最为常见。

谈判新手往往因为缺乏谈判经验而感到压力巨大，这种压力源于对未知事物的恐惧，是一种正常的心理现象。随着谈判经验的不断丰富，这方面的压力会逐渐减小。

久经谈判场的谈判老手也可能会面临谈判压力，自身的压力大多是准备不充分所造成的。准备不足就意味着可能在谈判中的某些方面存在薄弱之处，而一旦对方发现自己的薄弱之处并加以进攻，就会难以应付自如，进而产生沟通或话语上的漏洞。

其次，来自对手的压力时有发生。

谈判需要至少两方的参与。当谈判对手实力强劲、对方谈判当事人是行业权威或领军人物时，这种领域和专业实力就会对其他谈判方和谈判当事人造成无形的压力。

最后，议题本身带来的压力是非常明显的。

在刚刚接到谈判任务时，很多人会率先对谈判议题的难易程度进行大致的评估。如果谈判议题是以前从来没有接触过的，或者谈判议题本身是比较棘手和难以解决的争端问题，那么无论是谈判新手还是谈判老手，都会心存压力。

谈判压力是普遍存在的，谈判当事人会承受或多或少、或大或小的压力，这是面对谈判时不可避免的情况。

正确看待谈判压力

谈判无处不在，谈判压力也伴随谈判的到来时常出现。

既然谈判压力是不可避免的普遍情况，那么就要正确看待谈判压力；否则就会在谈判压力面前乱了方寸，影响谈判活动的顺利开展，也很难取得理想的谈判效果。

正视谈判压力，是正确看待谈判压力的重要前提。

谈判压力对谈判当事人的谈判实力发挥有重要的影响。这一影响可能是积极的，也可能是消极的。谈判当事人应承认谈判压力的存在，不能忽视压力，必要时应对自身的谈判压力进行积极干预，以尽量减少谈判压力对自己的消极影响。

客观分析谈判压力，是正确看待谈判压力的有效举措。

客观冷静地分析压力，有助于谈判当事人认清压力的来源，并找到有效的解决方法。在分析谈判压力时一定要客观，不能轻视谈判压力，也不能过分放大谈判压力，以免对谈判压力产生错误判断，进而导致在谈判中因准备不充分或用力过猛而适得其反。

轻松缓解谈判压力

如何轻松缓解谈判压力，让自己能充满信心地应对谈判呢？可以尝试以下几种有效方法。

◆ 做好充分的谈判准备

有备无患，是应对各种挑战的良策。在正确评价和客观分析谈判压力之后，应为自己将要进行的谈判做好具体准备，明确各种资料和信息的获取途径与方法，并及时归纳整理，从中确定谈判方案、谈判方式、谈判策略等。

在做谈判准备时，还要明确自身的谈判权限和底线，并推测对方的谈判权限与底线，做到“知己知彼，百战不殆”。

此外，对谈判过程中可能出现的各种情况进行预测，对谈判可能出现的意外情况制订有针对性的应急方案和谈判措施。只有这样，才能尽可能地消除不确定因素对谈判的消极影响，才能降低面对谈判的焦虑与压力。

◆ 提高个人谈判能力与素养

要担当谈判重任，必然要具备担任谈判工作的能力与素养。同时，个人谈判实力和技能的提高会增强谈判信心，缓解与消除谈判压力。

不同的谈判涉及领域不同、议题不同，需要谈判当事人具备扎实的谈判专业知识、智慧的谈判技巧、灵活的谈判应变能力，在谈判中充分发挥个人优势、补充短板。

例如，在法律谈判中，作为谈判当事人的律师，要熟悉各种法律条文与相关规定，要有良好的口才表达能力和逻辑思维能力，要搜集准确而充分的证据和资料等，在谈判中做到有礼、有力、有节，轻松应对谈判。

◆ 发挥团队的力量

在任何谈判中，仅凭一己之力是难以取胜的，个人能力的发挥始终离不开团队的支持，而且有了团队的支持，压力也会减少许多。因此，在谈判中，在提高自身专业能力的基础上，要充分信任同伴、信任团队，相信依靠谈判团队成员的群策群力，必然能打一个漂亮的谈判仗。

团结合作、有备而战，减少谈判压力

◆ 谈判预演

对于一些对个人或团队非常重要的谈判，以及一些牵涉面广、影响深远的重大谈判，在谈判之前有必要进行谈判预演。

开展谈判预演，不仅可以通过反复预演练习丰富谈判经验，熟悉谈判流程，也能在谈判预演中发现问题、解决问题，进而周全应对，缓解谈判压力。

◆ 劳逸结合，适度休闲

在准备谈判的过程中或一轮谈判结束后，应注意劳逸结合，不要深陷谈判压力而无法自拔。

必要时，可通过听舒缓音乐、与同伴聚餐等方式来缓解压力，在轻松愉快的环境中也许能突破思维定式，找到新的解决谈判议题的途径与方法，从而有效解决争议。

当然，也可以通过运动的方式来转移和缓解正在承受的谈判压力。

好心态，化压力为动力

好的心态是应对谈判压力的有效利器，能帮助个体化压力为动力，顺利完成谈判工作与任务。

面对谈判压力，谈判者要正视压力，承认谈判压力的存在，冷静正确地看待压力，并坚定战胜压力的信心。

化谈判压力为谈判动力，应学会开展自我积极心理暗示。如面对刚拿到的谈判议题，不要心情沮丧地说：“太难了，我一定不行。”要肯定自己的实力和鼓励自己：“我现在可以胜任此类谈判议题了，这是对我的考验，我相信自己一定能顺利拿下。”

要知道谈判没有对等可言

虽然谈判应遵循互利互惠、友好协商的原则，但谈判双方的实力、利益实现是很难做到绝对对等的。无数谈判事件和案例都说明，绝对对等的谈判是不存在的。

越坏的消息，应该用越多的气力沟通它。

——［匈牙利］安德鲁 S · 葛洛夫

可贵的对等谈判

对于参与谈判的任何一方来说，尤其是处于弱势的一方，对等谈判是非常可贵的。

从理论上来讲，谈判双方的谈判地位是对等的，彼此处于公平公开的环境中，基于相关法律法规和社会公序良俗进行平等的对话和沟通，在相互尊重的基础上谋求共识。

人们对谈判对等的呼吁和要求表现在诸多方面，随着谈判的日益增多，谈判对等的渴求日益明朗，这里简单介绍如下。

第一，人格与地位的平等。

谈判的成功开展，必须建立在谈判双方人格、地位的相对独立和对等上。这是谈判开展的重要前提，也应贯穿于谈判的始终。

如果谈判双方不能在平等的地位上进行对话，那么谈判就没有开始的必要，谈判的结果也必然是一方恃强凌弱，另一方受尽委屈。这样的谈判毫无意义。

第二，平等协商。

平等协商是指谈判双方在法律面前是平等的，都应该遵守法律。

在外交谈判中，谈判关乎一个国家或地区的国际地位与形象。双方应在遵守国际公约的基础上开展友好协商。同时，任何其他国家和地区不得干预谈判的开展和左右谈判的结果。

第三，人事分开。

人是社会的重要组成部分，会与社会中的其他成员存在这样或那样的人际关系，产生这样或那样的情感。

个人的情感一旦左右了谈判，谈判就失去了对等性。

任何人在谈判中不得将私人恩怨放置于企业或组织谈判中，不能以个人喜恶影响谈判，不能在谈判中掺杂个人情感因素，要做到“情感归情感，谈判归谈判”，做到人事分开。

第四，互惠互利。

谈判的对等还要求谈判所达成的最终共识对于谈判双方来说应是互惠互利、互不侵权的。

任何人、企业或组织都不能在谈判过程中侵犯对方的合法权益，也不能将自己的合法权益拱手让人。双方应在相互尊重、相互平等的基础上求合作、谋发展。

不对等的谈判实力

在实际谈判中，谈判双方的实力总是不对等的，即使是实力相当的谈判对手也存在实力不对等的情况，如在某一方面或某些方面存在实力不对等的情况。

古今中外的诸多著名谈判案例中，有实力强劲一方的绝对领导，如资深律师与新手律师的谈判、企业与员工的谈判、父母与子女的谈判；也有弱小一方的反败为胜，如“毛遂自荐”中的门客毛遂、“完璧归赵”中的蔺相如、“触龙说赵太后”中的触龙。无论最终的谈判结果如何，上述这些谈判中的谈判当事人都存在双方实力不对等的情况。

谈判实力的不对等是一种普遍的现象，在未来的谈判中这种现象依然会存在。

那么，面对谈判实力的不对等，应该如何做呢？具体可以参考以下两个方面的建议。

第一，充分认识谈判实力的不对等。

在谈判前，要对自身谈判的实力有一个清楚的认识，谈判实力较强者不可轻敌，谈判实力较弱者要做好充足准备，找到合理有效的对策以扭转战局。

第二，不畏惧、不妥协。

谈判实力的不对等会导致在具体的谈判活动过程中，谈判一方的话语影响力相对不足，从而在谈判中处于劣势。对此，作为谈判弱势的一方，不要畏惧对方，面对对方提出的不合理条件不妥协，在谈判中据理力争，维护己方的合法权益和利益。

会谈判让人生之路更通畅

谈判在日常生活与工作中无处不在。会谈判的人总是能在适宜的场合适宜地表态和沟通，让事情朝着有利于自己的方向发展，并从谈判中受益。

外行人在谈判中喜欢与对方竞争，有经验的人则只想解决问题，也因此总能解决问题。

——［美］尼仑伯格

谈判无处不在，会谈判的人一定是具有良好的谈判素养和技巧的，如高情商，共情能力，良好的沟通和表达能力，良好的逻辑思维能力，较强的控场能力，宽广的眼界与胸怀，等等。

上述这些优良的个人能力与素质是个人在现代社会生活中必不可少的，因此说，会谈判，有助于个人发展，能为个人的成功奠定良好的基础。

会谈判的人能在职场中有良好的发展，谈判的优秀能力与素质能让个体在职场中如虎添翼。各种商务谈判是个体事业的重要组成部分，如果在个人的职业发展过程中能把握好绝大多数谈判的主动权并取得谈判的成功，那么也一定会在职场发展中取得傲人的成就。

在日常生活中，会谈判的人往往能在沟通交往中有的放矢，面对不同场景、不同交往人群实现高效沟通。这对于个人建立良好的家庭关系、社交关系是有较大助益的。

从职场到生活，掌握谈判技巧让人受益无穷，也会使人生之路走得更加顺畅。

CHAPTER 2

第二章

完美谈判要有完美准备

如果凡事随心所欲，不做任何准备，那么就很难抓住合适的机会，也就减少了成功的可能性，谈判亦是如此。要想有完美谈判，就要有完美准备。谈判桌上并非一片祥和、谈笑风生，更多的是变幻莫测的局势和明枪暗箭的交锋，谈判者要在这种情况下掌控全局并获得谈判成功，充分的准备是必不可少的。只有准备充分了，才能预见和灵活处理各种问题，才能在谈判中占得先机。

确立谈判目标，做到有的放矢

无论是在日常生活中还是在工作中，人们总会为自己设定一个或大或小的目标，为的是未来的努力有方向可循。因为没有目标，不去计划，事情就会陷入混乱，发展就会失去方向。谈判活动的开展也需要确立目标。只有在谈判之前确立谈判目标，才能做到有的放矢。

宁可数月不开一仗，不可开仗而毫无安排算计。

——（清）曾国藩

谈判没有目标，无异于浪费时间

一旦坐在谈判桌前，就是奔着达成谈判目标去的，如果毫无准备，没有目标，或者目标模糊，就无异于浪费谈判双方的时间，也不可能有什么谈判结果。所以，只要是谈判，必然要有目标，目标是依附谈判而存在的，目标也是谈判的意义所在。

谈判是一种有着明确目标的沟通过程，其目标就是解决某一实质性问题，而绝非为了表现自己的口才而夸夸其谈，或者为了一时口舌之快而争得面红耳赤。

王明是某器械公司的营销人员。他被公司派去和一家对本公司器械有购买意向的公司商谈合作事宜。王明着急销售器械，就仓促地联系对方定下了见面时间，在见面之前王明也未就商谈的细节做任何准备。

令人意想不到的是，待见面时，王明一下子就被对方公司人员问得哑口无言。对方询问王明其公司器械的规格、质量、储货量等时，王明根本答不上来。这还不算什么，最糟糕的是，当双方谈及价格时，因意见不合，引发了激烈的争执。对方想以更低的价格购买器械，但王明认为这样会降低自己的绩效收入和公司收益，坚决不同意。就这样双方僵持不下，最终导致不欢而散。

而当公司知道王明的这种行为后，也是十分生气。因为这家公司的订购量很大，而且能够长期合作。但却因王明的毫无规划而失去合作机会，公司领导让王明就此次事件好好反思。

为何原本并不复杂的一次合作，最终会以失败告终呢？这里面有两点原因。其一，王明没有做好充分的准备，没能就对方的提问给出专业而明确的答复，这本身就会引起对方不满，会让对方觉得不被重视和尊重。其二，没有明确谈判的目标，这也是根本原因。此次谈判的目的应该是促成交易、达成合作，而王明却不知道自己此行的目的是什么，并且因一己私欲，破坏了此次合作，既给自己造成了损失，也损害了公司的利益。

如果王明能够在谈判前做好充足的准备，明确此行的目标是达成合作，那么就不会一问三不知，更不会因为一点分歧而起争执，谈判成功并达成合作也将是水到渠成的事情。

可见，设定目标对于谈判来讲有多么重要。所以，在谈判之前要先定好目标，对此形成习惯。一旦确定好谈判目标后，我们就会清楚在谈判中哪些要素要舍弃，哪些要素要保留。

可以这样设定谈判目标

谈判是相互磋商解决问题的过程，所有的磋商都是为解决问题而服务的，所以目标的设定要以解决问题为依据。具体不妨试试以下步骤，相信会帮助我们合理设定谈判目标。

第一步，清楚所面临的具体问题。

谈判的目的是解决问题，所以在谈判之前，首先要认真思考一下当前面临的具体问题是什么，并且要清楚如果这些问题得不到解决会带来哪些影响，影响的程度有多大。

比如，我们工厂目前急需原材料维持生产和运转，但原材料厂家对我们的报价不满意，双方一直谈不拢。我们当前需要解决的问题就是获得原材料，但价格协商不定，如果无法有效解决这一问题，我们将会面临停产的危机，给工厂带来巨大损失。

所以，在设定目标时，首先要明确问题，了解谈判中最需要解决的核心问题。

第二步，列出处理问题的详细方案。

在明确了要解决的主要问题之后，接下来要做的就是给出处理问题的具体方案。方案不可粗略随意，这样不利于问题的解决，而是要尽可能详细，细化到具体的人、时间、地点以及实施方法和步骤等。同时要注意，处理方案不可太单一，如果仅列出一种方案，在谈判时可能会很被动，所以应尽量给出两种甚至更多的方案。

同样以上述问题为例，为了解决原材料短缺、价格谈不拢的问题，我们可以给出两个方案：方案一，长期合作，大量订购，以此促使对方降低价格；方案二，只订购此次需要的材料，适当提高己方预期的价格。

当有了详细的处理方案之后，也就能做到心中有数，在真正的谈判过程中也会本着解决问题这个目标而努力。

第三步，以问题的处理方案为谈判的目标。

谈判的目标就是解决问题，在谈判过程中，我们就可以以达成处理方案为目标进行谈判磋商。

经过以上“三步走”策略，谈判的目标基本就确立下来了，接下来就可以根据设定的目标进行后续的谈判活动了。

谈判目标要有多样性

只明白如何设定谈判目标还不够，还要知道自己需要设定什么样的目标。建议是，目标不要太局限和单一，应具有多样性，这样在谈判时，协商和回旋的空间才会更大。

◆ 设定不同层次的谈判目标

当我们在设定谈判目标时，不必局限于一个，可以设定不同层次的目标，具体包括最高目标和最低目标。这样可以有效地应对谈判过程中出现的变化，进而做出灵活调整。试想，如果谈判目标局限性太大，且对于自己而言无法更改，没有回旋的余地，必然会使谈判陷入僵局。如果谈判目标有上下浮动，那么实现成功谈判的可能性就会很大。

具体来说，最高目标就是对于我们自身而言的最佳处理方案，当然这也是一种最为理想的目标。最低目标就是能满足我们自身的最低需求，当然这也是最差的一种情况，也是谈判的底线，一旦突破这个底线，那么也就没有了谈判的必要。在最高目标和最低目标之间还有一个目标，即实际目标，也就是我们的真实需求和意图，相较于其他两个目标更为现实，也是多数情况下谈判的结果。

有了不同的谈判目标，我们的心理上也就有了可接受的区间，在谈判过程中就会更加自如。只要双方的争议在可以接受的谈判目标区间和范围内，那么谈判成功的可能性就很大。

此外，设定不同层次的目标，还可以借此来试探对方的下限，一旦找到对方的下限，就能预判这场谈判能否持续开展。比如，当发现了对方的下限，但对此我们无法接受，那么这场谈判就没有继续的必要了；当发现了对方的下限，且我们可以接受，那么我们就可以继续这场谈判。

◆ 不要忽视关系目标

不可能所有的谈判都有美好的结局，谈判失败的情况也不在少数，但我们要知道“买卖不成仁义在”的道理，即便合作没有达成，也不能因此损伤了人际关系。也就是说，不应仅局限于实际的谈判目标，还要重视与对方的关系目标。

中国人素来讲究人际关系，而事实也证明，人际关系的好坏对人们的影响是显而易见的，在商务谈判中也不例外。对此，在谈判之前，就需要依据双方的合作情况来设定谈判的关系目标。

一般而言，关系目标因谈判双方合作的周期长短而不同，具体分为短期合作目标和长期合作目标。关系目标不同，那么在谈判当中所采用的策略也是有区别的。

如果谈判双方确定为短期合作关系，也就是此次合作之后可能不会再有下次合作，此时就不要轻易做出让步，而是应力求在谈判中为己方争取最大的利益。

如果谈判双方确定为长期合作的关系，那么在谈判过程中可以适当做出让步，但并不以此来迫使对方也同样做出让步，而是通过自己的让步换得与对方更长久的合作，从而在未来的谈判中争取到对方的让步。

这就如同我们日常交友，当朋友需要帮忙时，我们伸出援手，且不计回报；当我们需要帮助时，相信朋友也不会袖手旁观，这实际上也是中国人常说的礼尚往来。

回归到谈判中，在长期的合作关系中，双方的利益基本上都是持平的，也就是说一方不可能永远吃亏，另一方也不可能一直占便宜，一次让步可能会换来今后更大的利益。你会发现，在很多的谈判场合，一方看似损失了自己的利益不得已达成合作，实际上却获得了更长远的利益和长期的合作关系。所以，在合作谈判中，尤其要注意关系目标的确立。

当然，维系长期的合作关系并非我们想象的那么容易，其中涉及谈判的前期调查与准备，以及谈判中策略和方法的运用等，是值得我们思考的问题。

如果我们的努力毫无目标、漫无目的，那么就如同在黑暗中航行，难以成功抵岸。所以，在进入谈判这个“战场”前，首先要明确谈判的目标，这样才能做到有的放矢，才能让努力换取回报。

制订具体谈判方案，做到步步为营

聪明人从不打无准备之仗，他们总能在做任何事情之前做好充足的准备，做到事无巨细，为自己的成功创造最大的可能。对于谈判而言，又何尝不是如此？为了取得谈判成功，就不得不步步为营，而这就需要我们制订足够详细的谈判方案。

凡谋之道，周密为宝。

——《六韬》

谈判方案尽可能周详

谈判前不能不制订方案，如果没有明确的方案为依据，就做不到心中有数，也就不能轻松掌控全局，更不会取得好的谈判结果。但仅有方案还不行，如果方案漏洞百出，发挥不到任何作用，那么和没有方案也没有什么区别。所以，不仅要制订方案，而且方案要周密详细，这样才能发挥方案本身的作用。

张潇公司过两天要同另一家公司就承包事宜进行谈判，公司领导安排张潇制订一份谈判方案，为谈判做好准备。

张潇对此却不以为意，认为问题都是在谈判桌上解决的，谈判方案根本没什么用，于是草草准备了一份。两天后，当领导询问张潇方案的准备情况时，张潇将那份简陋的方案提交了上去。当领导看到这份简陋的方案时，很是生气，因为这份方案不仅毫无意义，而且耽误了宝贵的时间，眼看谈判迫在眉睫，这样根本无法在谈判中占据任何优势，为此领导不得不和对方商定另择时间进行谈判。

由于张潇粗略而毫无意义的方案，公司承受了巨大的压力，甚至可能导致对方放弃谈判。可见，制订详细有效的方案是非常重要的。

那么，如何制订一份详细的谈判方案呢？下面就为大家简要罗列一下谈判方案应包含的基本内容。

其一，确定谈判目标。具体包括不同层次的目标以及关系目标等。

其二，评估对方实力。具体包括对方的优劣势、己方的优劣势、谈判的时间与地点等。

其三，确定谈判风格。需要了解谈判的不同风格，并清楚谈判风格的调整策略。

其四，明确整体战略。需要明确是进攻取胜，还是谋求共赢；是速战速决，还是打持久战。

其五，具体过程策略安排。具体包括谈判各个阶段的策略安排。

其六，成本预算。谈判前应对谈判的成本加以估算。

其七，谈判方案说明及附件。

当然，上述内容并没有涵盖谈判方案的所有内容，在具体的谈判过程中，我们可以根据实际情况进行增加或删减。

谈判方案并不只是写写而已

谈判方案固然重要，但如果仅仅是照着模板写一份，那么其意义并不大。因为方案不仅要写出来，还要了然于心，要知道方案中每一个步骤和内容如何实施，这样才能发挥方案的指导性作用。

关于谈判方案中的内容，上文已经简要介绍，这里主要对谈判的风格以及整体战略简单加以阐释，以便大家对谈判方案有一个深入的了解。

◆ 充分认识谈判风格

很多人认为，谈判不成功主要是谈判双方各不让步所致，实际上，当谈判双方的风格不协调时，同样会导致谈判失败。每个人都会有自己独特的风格，这种风格在谈判时也会有所体现，表现为谈判风格。当谈判双方的风格大相径庭而无法搭配时，谈判就会出现问题。所以，了解对方的谈判风格，并就此做出调整就显得十分重要。

美国著名谈判专家罗杰·道生将谈判风格分为四种类型，分别是分析型、实际型、亲切型、表现型。

分析型的谈判者时间观念较强，对数字十分敏感，而且做事严谨，凡事都会有条不紊、井然有序地进行。实际型的谈判者十分务实，对时间有着严格的管理，他们不会在无关的事情上浪费时间，而且目标十分明确，那就是赢得谈判。亲切型的谈判者往往时间观念并不是很强，也不擅长拒绝，在谈判中更多扮演“和事佬”的角色。表现型的谈判者十分友善，但也情绪化，在谈判中通常表现得十分积极和过分热情，而且缺乏细致入微的洞察力。

当不同风格的谈判者相遇，场景可想而知。但谈判者不可能始终与同一种风格的人谈判，与不同风格的人谈判才是常态。所以，在谈判时要清楚地了解自己和对方的谈判风格，如果发现和对方的风格不相符，就要及时做出调整。

那么，当了解了对方的谈判风格后应如何应对呢？

通过以上对于不同谈判风格的介绍，就能基本判断对方属于哪一种类型的谈判者，如果发现自己和对方的谈判风格不相符，则要采取一定的策略，力促谈判成功。

如果对方的谈判风格为分析型，那么我们可以精确地陈述事情，这符合他们的谈判特点，进而会促使他们更快地做出决定。

如果对方的谈判风格为实际型，那么与其闲聊并不能获取他们的好感，而实事求是的沟通会促使他们更快地做出决定。

如果对方的谈判风格为亲切型，那我们也不妨表现出关心对方的状态，这是获取对方信任的良好方式。亲切型的谈判者一般不会武断而快速地做出决定，所以在谈判过程中要有足够的耐心，给予对方足够的时间去思考。

如果对方的谈判风格为表现型，那我们也不要吝啬我们的热情，主动与对方谈论他们的爱好、经历等，这样能活跃谈判气氛，有助于促使他们更快地做出决定。

◆ 明确谈判战略

在谈判之前的准备阶段就应该考虑谈判战略的运用，这样才不致在真正的谈判中处于被动地位。具体来说，在谈判之前就要明确好是进攻取胜还是谋取“双赢”，是速战速决还是打持久战。

首先，明确是进攻取胜还是保守争取。

谈判就如同战场一般，需要讲求战略。有时需要正面进攻来争取胜利，有时则需要不断谋划来取得“双赢”，这两种谈判战略思路不同，各有优劣，要视具体情况而定。

不过，进攻取胜的战略具有很强的攻击性，常会将对方逼到无路可退之地，这样可能会存在破坏双方的友谊、丧失未来长期合作的机会，甚至遭受对方反击的隐患，所以这种方法要谨慎使用。

通常情况下，人们更提倡保守争取、谋取“双赢”，希望尽可能满足双方的利益需求，达成友好合作的目的。

当然，谈判的性质不同，所采用的战略也会不同，但理想化的谈判是很少的，也就是说适合以进攻的方式获取胜利的谈判很少，大多数的谈判更讲究谋求长远的利益，也就是更适宜采用保守争取、谋取“双赢”的战略。但这并不是说就要完全摒弃进攻行为，而是将进攻行为作为一种辅助“双赢”的手段，这样相互辅助，更能增加谈判的筹码。

其次，明确是速战速决还是打持久战。

要想不被人牵着鼻子走，那么在谈判之前就要考虑好时间成本，决定是要快速达成协议，结束谈判，还是要为了达成目的，长时间地与对方商讨协议。

很明显，两种战略利弊参半。速战速决效率高、耗时短，但要想谋取更大的利益不太容易；打持久战耗时长，时间成本大，但谋取更大利益的机会多。一般速战速决适用于那些时间较紧迫的谈判，但实际谈判中，那些时间紧迫的谈判并不多，多数都是准备好长时间讨价还价的谈判，所以对于大多数谈判来讲，打持久战是极佳的选择。

如果做好了打持久战的准备，那么就要了解和掌握打持久战的方法。方法一般有两种：一种是“蚕食”，另一种是“拖”。

“蚕食”不难理解，就是像蚕一样慢慢吞食。这种方法并不罕见，而且常被应用于谈判当中，其看似收效甚微，其实是获利的有效利器。

当你“蚕食一小口”，而对方对这毫厘之失不以为意时，你的目的就已经达到了。不过这种方法不可频繁使用，而且在使用之时要先了解对方的底线，并且蚕食的频率要适度，蚕食的量要尽量小，如果毫无限度，那么对方因对你的贪得无厌而失去耐性，这样只会适得其反，收不到预期的效果。

“拖”就是拖延时间，不在第一次谈判时就下定论，而是经历两次以上的谈判。这样拖着对方，能明显挫伤他们的锐气，有效避开他们的锋芒，等拖到对方疲惫不堪、失去耐性的时候，再果断出击，取得谈判胜利。

“工欲善其事，必先利其器”，制订谈判方案是必要且重要的，而且谈判方案要尽量周密详细，为谈判的所有环节都做好准备。同时，并不只是罗列出方案就可以了，方案内容还要切实可行，要对真正的谈判具有战略性的指导意义。

也就是说，在进行谈判之前，必须做到步步为营，唯有如此，才能在谈判中占据主动地位，立于不败之地。

营造一个好的氛围，为成功谈判奠基

谈判需要一个良好的氛围，轻松的氛围能够让谈判双方卸下防御的外壳，缓解紧张的情绪，增进彼此的情感，进而取得良好的谈判结果。所以，在进行谈判之前，首先要知道氛围的重要性，并懂得如何营造良好氛围，进而为成功谈判奠定基础。

谈判的目标，不在于如何分一块饼，而在于如何制造更多的饼。

—— [美] 尼仑伯格

谈判不只有剑拔弩张

不可否认，谈判对于谈判的任何一方而言都是一件严肃且重要的事情，谈判中双方据理力争，这种情况在所难免，但这并不说明谈判必须在一个紧张、压抑、剑拔弩张的氛围中进行。这样的氛围不仅无助于成功谈判，还有可能破坏谈判双方的感情。

其实，谈判的氛围不只有剑拔弩张，还有轻松友好，所以在进行谈判之前，要先了解谈判的氛围，进而为谈判成功打好基础。

具体来说，谈判的氛围主要有以下几种。

第一种，紧张的谈判氛围。

这是我们印象中普遍存在的谈判氛围。谈判中，双方相互对立，冷漠视之，甚至针锋相对，毫无情感可言，紧张的氛围自然就形成了。

第二种，平静的谈判氛围。

谈判双方基本已经认识，谈判中双方情绪稳定，谈判平静地进行，双方相互戒备，处于十分严肃的氛围中。

第三种，松弛的谈判氛围。

在松弛缓慢的氛围下，谈判双方的状态也是松弛和缓慢的，他们往往态度散漫，注意力不集中，给人一种不重视对方和不重视谈判的感觉。

第四种，积极友好的谈判氛围。

在这样的一种谈判氛围中，谈判双方态度友好，交谈之中充满热情，话题轻松愉悦，交流顺畅，双方都对谈判结果十分有信心。

试想一下，如果在紧张、冷淡、松弛的氛围中，谈判会是怎样的结果呢？结果可想而知。只有积极友好的谈判氛围才是最佳的谈判氛围，只有谈判双方热情友善、诚挚认真、轻松愉悦，才会取得成功的谈判结果。

所以，在谈判之前，一定要充分了解谈判氛围之于谈判的重要性，并要了解哪种类型的谈判氛围才是最佳的。做好了这些准备，在谈判的时候才能更有底气。

懂得如何营造好谈判氛围

既然明白了哪种氛围是最适合谈判的氛围，那么在谈判之前就要知道如何营造好这种氛围来助力谈判成功。

到底如何营造好这种谈判氛围呢？那就要知道影响谈判氛围的因素，具体包括服饰、表情、风度、话题等。

◆ 服饰要正式、整洁

一个人的外在形象首先是通过服饰体现出来的，如果在谈判中衣冠不整、不修边幅，必然会使人觉得自己不受尊重，认为他对谈判不够重视，进而会影响谈判气氛和结果。所以，在谈判前一定不要忽视穿着这一细节，要做到穿着正式得体、整洁大方，这样会给人清爽的感觉，也会让人知道你对此次谈判的重视，谈判氛围自然会好很多。

◆ 表情要自然温和

如果坐在谈判桌前，给人一副冷漠、严峻的表情，那么谈判的气氛会骤然冷却，接下来的谈判自然也不会太顺利。所以，在谈判时要管理好自己的表情，要呈现出自然温和的态度。当微笑待人时，会给人如沐春风的感觉，那么谈判氛围必然会十分融洽，而这对之后的谈判将极其有利。

◆ 言谈举止要有风度

谈判不存在孰对孰错，双方都是平等的，所以不必怯懦，要自信大方。此外，在谈判中，言行举止要得体、有风度，不可做出或说出不合时宜的事情或话语。你的风度和气质会让对方倍感钦佩，进而减弱心理防备，这对谈判来说无疑是有利的。

◆ 话题要轻松愉快

即便是正式的谈判，也避免不了谈判前的寒暄，而谈判前这一阶段所谈及的话题对谈判氛围的营造十分关键。此时的话题要尽可能轻松，可以聊一聊彼此的爱好，可以谈论一下喜欢看的书等，轻松的氛围一旦建立，那么接下来正式谈判的紧张气氛就会弱化，对方的戒备心理也会有所消除，谈判的过程相对来说就会轻松许多，而这也是双方最想看到的结果。

需要注意的是，上述因素并不是独立存在的，我们在谈判时可以综合运用这些因素，以提高自身的谈判能力，取得良好的谈判效果。

谈判前相互寒暄，话题要轻松愉快

选择利己的谈判时间和地点，掌控主动权

在谈判桌上，一旦掌握了“天时、地利、人和”，便赢得了谈判先机。也就是说，选择合适的谈判时间、利己的谈判地点，再加上人为的努力，就能掌控主动权，大大提升谈判成功的概率。

谈判中最重要而最单纯的原则就是，没有白给的东西，绝对没有。

——［英］盖温·肯尼迪

明确谈判时间

选择不同的谈判时间，带来的是不同的谈判结果。想要增加谈判胜算，除了要选择合适的开局时间外，还要掌握谈判良机。

◆ 选择合适的开局时间

在一场商务谈判中，时间的关键变数包括开局时间、间隔时间和截止时间。其中，谈判的开局时间需要我们慎重地去考虑。

如果我们随意安排谈判时间，对谈判中的时间因素一无所知、毫不在意，则极有可能像下例中的李希一样掉入对手事先挖好的陷阱里。

因工程款结算等事宜，李希带着公司的谈判团队前往另一家公司进行商务谈判。一行人坐了很久的飞机，终于在天黑前赶到对方公司所在的城市，而对方团队早已在机场等候多时。后者表示年关将近，必须要加快谈判速度，当即邀请李希及同事一行立即前往该公司进行相关事宜的谈判。李希没有多想，同意了对方的邀请。

谈判进行得十分激烈，李希和同事们因为舟车劳顿，精神格外疲惫，即使猛灌咖啡也难以集中精神，很快让对手占了上风。缺少经验的李希和年轻的谈判队伍此时也察觉到事情的不对劲，立马暂停了谈判，这才避免了一场谈判失利。经过慎重考虑，与对方重新约定好谈判时间后，李希长舒一口气，暗自反思自己的不谨慎。

合适的谈判开局时间会直接影响到谈判的效果。具体而言，我们要避免以下几种情况。

第一，避免在身心疲惫、精神不振时进行谈判。在坐了很久的高铁、飞机后应避免立即投入谈判工作，而要给予自己充分的休整时间，将身心都调节到最舒适的状态时再与对手一较高下。例如，在炎热的夏季，吃完午饭后人容易昏昏欲睡，这时候要避免进行谈判工作。另外，根据项目管理软件公司 Redbooth 提供的数据，数据分析网站 Priceonomics 的相关研究人员得出这样的结论：下午 4 点以后，人们的工作效率会严重下降。对于大部分人而言，在这一时间段进行谈判是很不适宜的，需要另行安排时间。

第二，避免在身体健康状态不佳时进行谈判。头疼、牙痛、胃痛……身体不舒服时，人的思绪很难集中，逻辑思维能力、表达能力都大受影响。这时候，恐怕你怎么努力都很难让自己全神贯注地投入到谈判工作中去。还不如先有针对性地治疗身体的病痛，将身体调理好后再回到谈判桌上。

第三，避免在情绪起伏较大或情绪低落时进行谈判。当情绪过于激烈或消沉时，都要避免做重大的决定，在这时候进行谈判工作更是不明智的，很容易被对手设下的埋伏一步步击溃理智。而保持平稳的情绪，展现出强大的心理素质，才是谈判高手的风范。

◆ 掌握谈判良机

做任何事都要把握时机，谈判也是如此。不妨尝试抓住谈判良机，利用特殊的时间节点去增强谈判的效果。

首先，在对方状态不佳的时候进行谈判。商务谈判遵循自愿合作、平等协商的原则。我们要在此基础上抓住一切有利于己方的因素，将谈判先机牢牢掌握在手里。比如，趁着对方身心处于低潮时进行谈判，对方状态不佳正是我们乘胜追击的机会。

其次，在对方心情愉悦时进行谈判。心理学上有一个“好心情效应”，它原本是人际沟通的法则之一，却也可被用在谈判中。当一个人心情格外愉快时，说“不”的概率也会降低。趁谈判对手兴致正高时提出某些要求，成交的可能性大大增加。

最后，在对方公司急于达成某个谈判目的时进行谈判。比如，对方公司正处于买方市场，急于出售某件商品或打响某件产品的知名度，作为卖方谈判者的你可以要求在这时候进行谈判。总之，就是要选择对己方最有利的时机去进行谈判。

最佳谈判地点：己方所在地

在国际足球比赛中，比赛的赛场选择一般有四种：其一，在自己国家的场地举行比赛；其二，在对手所在国家的场地举行比赛；其三，在双方国家的足球场地轮流举行比赛；其四，在第三方所在场地进行比赛。

谈判也是如此，谈判地点的选择无外乎以上四种情况。一般第三种情况因为耗时长、成本高，所以很少被启用。而在剩下的三种情况中，我们要尽量选择第一种，即在己方所在地进行谈判。要知道任何比赛在主场获胜的可能性都很高，选择自己相对熟悉的地点进行谈判，相当于掌握了“地利”的优势。

谈判“地利”的好处主要有以下几点。

一是心理安全感十足。自然界中的动物大多数都有领地意识，待在自己的领地里，它们感到安全，也懂得用各种方法来保护自己。人亦是如此，作为东道主的一方对于谈判所在地的环境自然是熟悉的，就不必耗费过多时间和精力去适应环境，反而能好好准备接下来的谈判工作。

二是作为东道主的一方，可以获得种种便利。比如，邀请对方在己方公司办公室进行谈判时，可以利用现场演示的方法去增强说服力，毕竟设备和资料都是现成的。在谈判桌上，主谈人员可以随时向己方的领导、专家请教相关事宜，再根据领导指示推进谈判进程。

三是可以利用东道主的身份对谈判之余的活动作种种安排，对对方产生潜移默化的影响。比如，安排饭局、游览等活动拉近距离，增进感情。在谈判过程中，东道主对各类谈判事务都需要主动处理，无形中也就掌握了谈判的主动权，从心理上压人一头。

当然，主场谈判也有一些不利的地方需要我们重视。比如，在自己公司谈判，很容易被公司其他事务干扰；离高层领导太近，虽然容易获得指导，也要防备被他们的指示左右想法，彻底失去自己的主见；需要负责安排谈判之余的种种活动，可能会挤占谈判的准备时间，负担较重；等等。

除此之外，如果没有争取到主场谈判资格，也要尽量争取前往第三方场地谈判的机会，即安排主座谈判和客座谈判之外的一个地方为谈判地点，这样双方都不具备东道主优势，相对而言比较公平。

摸清对方底细，做到知己知彼

所谓“知己知彼、百战不殆”，在谈判桌上，唯有摸清对方的底细，才能做到胸有成竹，并准备好万全之策，步步为营，最终赢取这场艰辛谈判的胜利。哪怕你一时不慎，被对方抢占了谈判先机，只要探清了对方的虚实，也能从容不迫地应对，乃至最后反败为胜。

任何成功的谈判，从一开始就必须站在对方的立场来看问题。

——［美］维克多金姆

谈判之前要“探底”

“知己知彼”的重要意义在于，只有详尽了解了自己和对方的谈判最优目标、所能接受的最低条件等，做好万全的准备，才能自信满满地走上谈判桌。也就是说，在谈判之前，我们既要摸清对方的情况，也要掌握己方的底牌，如此才能增加谈判的胜算。

◆ 摸清对方的情况

谈判前要对谈判对手有真切而深入的了解，例如了解对方公司的基本信息和谈判队伍中每个人的具体信息等。

针对前者，我们需要了解的信息分为以下几类。

企业类型，包括企业性质、经营范围、注册资金、成立时间、员工数量等；经营状态，包括年营业额、季度营业额、企业资金负债情况等；企业产品和经营前景，包括旗下产品或服务的品种、价格、功能、销售情况、消费者反馈等，所属行业的市场竞争情况和相关国家规定和政策等；企业文化，如企业的规章制度、经营理念，员工凝聚力等；企业过往信誉、业内风评和创新能力；等等。

我们可以从对方公司的官网、公众号、微博上去搜集上述信息，如果对方公司是上市公司，我们还可以从各大财经网站上查看到对方的财务报表，从而搜集更有价值的信息。或者从和对方公司打过交道的其他公司入手，尽可能地了解该公司的信誉、作风和经营能力。

总之，要从各个渠道搜集和掌握对方的谈判资料，对搜集到的信息、数据等进行统计分析，在此基础上揣测对方的谈判目标，制定有针对性的谈判策略。

另外，我们还要了解对方公司所派出的谈判队伍中每个人的具体信息，包括每个人的年龄、爱好、学历、性格、价值观、从业经历等。

◆ 掌握己方的底牌

我们还要对己方的优、劣势有详尽的了解，以中立、客观的态度去考察和评价自身。只有针对己方的优势环节和薄弱部分制定好谈判方向和谈判策略，才能有条不紊地应对对方的谈判攻势。

对己方的了解也包括公司和个人这两部分。从公司的角度而言，这部分的资料搜集起来会更顺畅简单一点，后期分门别类地整理清楚即可；从个人的角度而言，尤其要注意挖掘谈判队伍中每个人的能力和性格弱项，在谈判过程中尽可能地扬长避短。

尝试“推”出对方的底牌

在商务谈判的过程中，对方的谈判目标、最低和最高报价等都属于商业机密。如果你提前知晓了这些机密，就能为自己争取更多的利益。不妨从以下几方面入手，尝试“推”出对方的底牌。

◆ 细心观察，推测对方意图

谈判高手并不一定全程唇枪舌剑，口若悬河、滔滔不绝，也有可能是耐心静听、微笑思索的模样。尤其是在谈判刚开始的时候，不妨少说多听，将谈话的主动权适当让与对方，在仔细倾听对方的每一句话、提取关键点的同时，注意观察对方的身体语言，如眼神、表情变化、手势等，同时根据搜集到的信息在脑海中飞速做出分析与判断。

当然，在倾听过程中，你也要适当给予回应，展现良好的风度。

◆ 在谈判陷入僵局的时候“推”一把

商务谈判中最常见的莫过于“讨价还价”。在双方僵持不下时，你可以采取合适的话术巧妙地“推”一把，也许能从中探明对方的底牌。

乔明就某款产品的定价问题与合作公司进行谈判。在谈判过程中，双方话语中各种迂回，迟迟不谈报价，生怕被对方发现自己的底牌。眼看谈判陷入僵局，乔明灵机一动，决定用假意亮出底牌的方式“推”对方一把。思索清楚对策后，他突然大声问道：“李经理，我认为这款产品定价为 240 元正合适，您觉得呢？”

对方皱眉道：“240 元？市面上类似的产品至少得卖 350 元，这个价格定得太离谱……”

乔明说：“可是这两年经济不好，顾客购买力大不如前，推出一个优惠价也是合理的。”

对方思索说："那也不能太离谱，适当打个八九折倒是可以考虑……"就这样，乔明将对方的底牌摸了个八九不离十。

大多数谈判都是艰难的。如果你能运用诸多技巧去查探清楚对方的意图、目标、优劣势等，整个谈判形势将会朝着更有利于己方的方向发展。

提前预演，做到有备无患

在谈判准备工作的最后阶段，我们可以通过角色预演、模拟实战的方式提升谈判技巧、发现不足之处。要知道事情越重要，越有预演的必要性，经过反复的思考与演练，我们对于细节的把控越详细具体，对于谈判形式的掌控力越强，谈判成功的概率也就越大。

凡事豫（预）则立，不豫（预）则废。

——《礼记·中庸》

谈判前的“彩排”很重要

乔布斯在准备苹果手机的发布会前，会提前排练数次，直至每个细节都完美无缺，由此可见事前彩排的重要性。谈判亦是如此。

在谈判正式开始前，我们可以将谈判人员分为两个小组，由一组成员扮演谈判对手，模拟对手的立场和状态，与另一小组成员反复对垒，对既定的谈判计划进行预演。经过一次又一次的“彩排”，所有人都能提前感受谈判的气氛，迅速进入实战状态。

具体而言，谈判预演的重要性体现在以下几个方面。

第一，对谈判方案的整体方向与细节进行检验。比如，谈判风格与目标是否合理，整体战略和具体策略安排是否可靠、易执行。经过实战模拟，能及时发现方案中错漏的地方，再针对不足之处进行修改、调整与完善，而经过优化的方案能更好地指导我们的谈判。

第二，对谈判人员自身素质与能力进行培养与训练。进行谈判预演的时候，扮演谈判对手的人员需要站在对手的立场上针对己方可能存在的不足之处提出一系列问题，审视己方的实力和价值。而就在这一次次的演练过程中，谈判人员对对手的了解越来越深入，对自身的优势与缺点也看得越来越清晰。只要认真对待预演，谈判人员就能顺利掌握一些有用的谈判技巧，在逻辑思维能力、独立分析能力、临场发挥能力和执行力等方面都将迎来质的提升。

另外，谈判预演还有助于提升谈判人员的心理素质，帮助他们熟悉谈判的流程和各个环节。同时，谈判人员也可以根据其他同事的反馈去检验自己在谈判过程中的面部表情、身姿仪态是否得体等，可谓一举多得。

这样“彩排”才合理

谈判前的预演是为了及时发现问题，提出对策，以增加谈判的胜算。如果我们不注意以下三点，就算是“彩排”再多次也无法取得理想效果。

◆ 做好预演准备工作

谈判前的预演也要做好准备工作，扮演谈判对手的人员要根据搜集到的资料去准备问题，提前转换心态，以适应自己的角色。剩下的人员需揣测“对手”可能会问的问题，准备好回答，并提前设想预演中可能发生的各种情景和应对策略。双方准备得越充分，预演的过程就越惊喜，其能产生的效果就越惊人。彩排不是单纯的走形式，双方若敷衍了事，只会白白浪费时间和精力。

◆ 找个好“对手”至关重要

在一个公司的谈判团队中，其组成人员的实力可能有高有低，我们要挑选其中实力最强、经验最丰富的人来扮演谈判对手。这样的人思路清晰，表达能力和质询能力都很强，能一针见血地提出真正重要的问题，并根据其他人员的现场表现来指出己方的薄弱环节。

预演完毕后，最好请扮演谈判对手的同事针对我们的表现做出点评，并提出建议。

◆ 做好复盘

每次预演后都要做好复盘工作，总结经验，才能获得真正的进步。我们可以运用“GRAI复盘法”去帮助自己提升谈判技巧，其包括四个流程，即回顾目标（Goal）、阐述结果（Result）、解析过程（Analysis）、归类总结（Insight）。

回顾目标。正如谈判要制定目标一样，谈判预演前也要制定目标，如初次预演目标可以定为熟悉谈判流程等。复盘时要回顾目标。

阐述结果。每次预演的结果可能有好有坏，我们要如实阐述预演的结果，并和原定目标作对比。

解析过程。回想预演的每个环节，找出其中的精彩片段和不足之处，针对其原因作各方面的分析，提出改进意见。为了方便后期分析、比对，可以用手机将预演过程录制下来。

归类总结。从每次预演的目标、结果、主客观原因总结提炼出几个关键点，为之后的谈判提供参考和经验。

充满信心，拥有必胜的信念

充满信心，是人们取得成功的重要前提。谈判更是如此，在与对手交涉、协商的过程中，哪怕遇到重重困难，我们也一定要坚守必胜的信念，寸步不让。毕竟在谈判桌上，双方较量的不只是谈判能力与技巧，还有信心与勇气。如若缺少信心，我们将寸步难行。

先相信自己，然后别人才会相信你。

——［法］罗曼·罗兰

谈判忌缺乏信心

想要取得谈判胜利，除了要做充分的准备、使用恰当的方法外，还要努力调整自己的心态，自信满满地去应战。你的心理素质越强，就越能给对手增加精神压力，胜利的天平也就越偏向于你。

而缺乏自信的谈判者往往有着以下表现。

第一，焦躁不安，缺少耐心。在谈判交流中，说话语无伦次、时常抬高音调打断别人的发言、肢体动作幅度过大的谈判者可能处于紧张不安的状态中。而在这种精神状态下，他们根本无法客观判断场上的形势，极有可能做出错误的决定。

第二，情绪低落，消极应对。缺乏自信的人可能还没正式开启谈判便将自己判了“死刑”，等真正上了谈判桌，他们往往强颜欢笑，说话有气无力、缺乏底气。而低落的情绪也会令其思维更为迟缓，语言更缺乏逻辑，进而导致谈判失败。

第三，攻击性强。如果谈判人员随意发泄情绪，表现出极强的攻击性，非但不是拥有自信的表现，反而是心理受挫、虚张声势的表现，外在的过激的情绪只是他们掩饰真实状态的一种手段。谈判人员的攻击性语言和行为会扩大矛盾，干扰谈判进程。

自信是如何炼成的

拥有必胜的信念，才能让谈判人员充分发挥，甚至超水平发挥自己的实力和潜力。那么，自信从何而来呢？

第一，一切自信都源于自我欣赏、自我肯定。哪怕你缺乏经验、实力和底气都差对手一大截，但只要你客观审视自身，就一定能发现自己的闪光点。也就是说，谈判双方哪怕实力悬殊，处于弱势的那一方也一定有自己的优点。肯定并最大限度地发挥己方的优势，以积极心态应战，这种力量感会在无形之中传递给对方。

第二，通过外在手段去打造自己的气场。比如，得体、干练的服装既能给人留下良好的第一印象，也能增强自己的自信。在谈判开始前，可以去照照镜子整理仪容，同时对着镜子里的自己加油打气。

在谈判过程中，首先，谈判人员要目光专注，情绪沉稳，表情淡定，语速不紧不慢。当我们用真诚专注的目光望向对方时，很容易给人留下坚定刚毅的印象。其次，《史记》有云："顺，不妄喜；逆，不惶馁；安，不奢逸；危，不惊惧。"谈判人员切勿将喜怒哀乐都写在脸上，一定要做好表情管理和肢体语言管理，尽量体现出镇定自若的风范。最后，谈判人员说话要不紧不慢、有理有据，该下决断的时候语气要铿锵有力。即便暂时处于下风或因为条件不足，不得不选择退让，也要不卑不亢地表达。

第三，能力是自信的底气。所谓的自信，一定是建立在强大的谈判能力和娴熟的谈判技巧之上的，而盲目自信一般是因为谈判者对自身能力或市场形势等缺乏全面准确的认知和判断。

在平时，谈判人员要积极提高自己的谈判博弈技巧，利用各种渠道去训练自己的逻辑思维能力和表达能力，并对行业信息进行详细调研，为下一场未知的谈判做好准备。

CHAPTER 3

第 三 章

巧用谈判技巧，增加谈判筹码

谈判是一场实力和智力的博弈，参与任何谈判都必须掌握一定的谈判技巧。

在谈判过程中，更熟练地运用各种谈判技巧的一方总是能更具主动性，能灵活应对各种突发情况，镇定自若、应对自如，以有效推动谈判向预期的方向发展。巧用谈判技巧，增加谈判筹码，谈判的天平自然会向你倾斜。

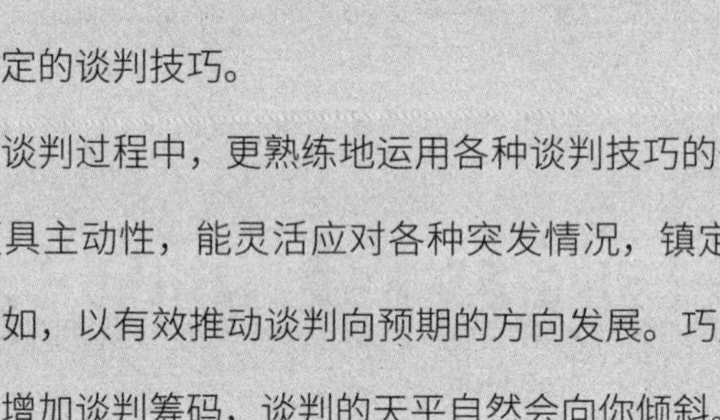

树立良好的第一印象

第一印象会影响到人们对人或事物总印象的认知，这种影响可能是积极的、正面的，也可能是消极的、负面的。参与谈判，给对方留下良好的第一印象非常重要。

友善的言行、得体的举止、优雅的风度，这些都是走进他人心灵的通行证。

——［英］斯迈尔斯

形象良好是谈判的加分项

在谈判中，个人形象是一种外显化的印象，是被第一眼关注的重要印象元素，应重点关注，有意识地塑造自己的良好形象。

个人形象是一个整体形象，受多种形象要素的影响，如着装、妆容、体态等。简单阐述如下。

◆ 着装得体

在谈判活动中，得体的着装不仅能为自己树立良好的个人形象，也是对其他参与谈判人员的一种尊重。

得体的谈判着装，应注意以下几点。

第一，着装应符合谈判场合要求。

一般来说，谈判应着正装，在商务谈判、外交谈判、多边谈判、涉外谈判中，男士应穿西装，女士应穿西服套装。

男士商务西装外套款式简单，通常有单排扣和双排扣之分，在着装要求上，穿单排扣西装时，一排两扣只系上面一颗，一排三扣系上面两颗；穿双排扣西装时，系好所有扣子；坐下时，西装扣子应保持解开状态，令衣服随身体自然垂摆，避免出现褶皱。

男士衬衫、领带的颜色与款式应与西装外套搭配协调，衬衫袖口与领口应分别略长于西装外套袖口、领口 1 ～ 2 厘米；领带的长度适宜，末端与皮带环下沿应基本相平。

女士在选择西装套装时，首选裙式套装，裤装套装次之。推荐纯色、质地优良、面料舒适的衬衫，穿浅色内衣。无论是在谈判中或其他工作场合都应该避免脱掉外套。

作为谈判当事人，在谈判着装上应尽量选择深色系的服装，西装应成套搭配，避免两套不同西装的混搭，并注意领带、皮鞋、袜子的颜色也应尽量为深色系或同色系，颜色可稍有变化，但不可过分夸张，不要穿黑皮鞋搭配白袜子。

无论是男士还是女士，着装都忌透视、暴露。

第二，着装应干净整洁。

着装干净整洁是个人得体着装的基本要求，有助于塑造个人整洁卫生、严谨认真的形象与气质。干净整洁的着装形象也有助于增加对方对你的信任感，提高谈判沟通中的好感度。

第三，着装应与自己的身材相适应。

如果需要着正装参加商务谈判或其他正式谈判，建议提前定制西装，同一个谈判小组各成员的服装可统一风格或款式。

非正式场合，可着休闲类服装，但不得夸张，不着颜色过于鲜艳或图案过于复杂或裁剪烦琐另类的奇装异服，不建议穿着过紧过小或过于宽大的服装。

在谈判前一天，可试穿西装，以检查是否有不适或不当之处，并熨烫平整备用。

第四，着装应与职业、企业、行业形象相适应。

个人的着装不仅代表个人的形象，也代表了整个谈判小组、职业、企业、行业的形象，因此个人着装应符合职业、企业、行业要求，展现职业、企业、行业风貌，体现出专业性、权威性，增加谈判对手对你的专业信任感。

从人与人的接触来看，着装是最先、最容易被关注到的外表形象，应重视自己的着装形象，给谈判对手留下良好的第一印象。

◆ 妆容大方

大方、精致的妆容能塑造良好的个人形象，也能让对方感觉到你对此次谈判和对方谈判当事人的重视和尊重，能让你在对方谈判当事人心中留下一个正面的第一印象，这对接下来要开展的谈判是非常有益的。

通常，男士可化淡妆或不化妆，做好个人卫生，形象健康积极；女士应化淡妆，展示女性端庄、清新、大方的良好形象，妆容服帖，妆效不夸张。

◆ 体态优雅

体态是个人形象的重要影响因素，谈判当事人在参与整个谈判的过程中应始终保持良好的体态，避免失态。

在谈判会面和入座谈判时，应始终保持挺拔、端正的身姿，不弯腰、不驼背、不含胸、不探颈。

不良的体态会给人以邋遢、敷衍、不专业的心理印象，因此要时刻注意保持优雅的个人体态。争取在谈判中，尤其是谈判前的会面或初次谈判中，给对方留下好的印象。

有礼有节，尊重对方

◆ 谈判礼仪不容忽视

为人处世彬彬有礼总能给人留下好印象，身为谈判工作人员，应关注和遵守谈判基本礼仪。

第一，谈吐得当。

谈判离不开语言表达与沟通，当你开口说第一句话时，对方对你已经有了一个大致的印象和判断。

个人的语言表达和沟通能从侧面反映出一个人的学识、阅历、素养以及专业性。

谈判时的得体谈吐主要体现在用语用词恰当准确、声音音量大小适中、语气语调节奏令人舒适等方面，能给人一种愉悦舒适、愿意倾听、愿意进一步沟通的感受。

第二，态度诚恳、端正。

谈判双方应在互信、互利、互尊的基础上展开谈判，谈判当事人的谈判态度可以从谈判当事人的言谈举止等各个方面表现出来。

诚恳的谈判态度自然是有利于谈判的开展和持续推进的，而傲慢无礼的谈判态度或无条件妥协退让的谈判态度也自然会被对方看在眼里、记在心上，并会在谈判过程中被讨伐或压制。

在谈判过程中，谈判当事人应始终保持诚恳的谈判态度，在与对方接触和谈判之时就应明确自己的谈判态度，表达出想要真正探讨谈判议题、解决争议、协作互惠的谈判决心，这样才能让对方真正愿意坐下来开展谈判。

第三，举止文明。

文明的举止总是能给人留下好印象，让对方愿意亲近你并与你开展谈判。

在谈判期间千万不可做出不雅观、有损自身或对方形象、尊严的举止和行为，否则将会增加谈判双方的摩擦与矛盾，严重的可能导致谈判的中断甚至终止。

谈判礼仪表现在各种细节之中，除了以上基本礼仪要遵守外，还要结合具体场合、具体情况来认真对待。

首先，礼节周到。

在双方第一次谈判会面时，要注意提前确定好迎送的规格，安排与对方职位、级别相当的人负责谈判，并确定好团队其他成员的职责、人数等，尽量按约定出席谈判。如果遇到突发情况，原谈判当事人不能出席，应灵活变通，及时安排职位相当的人出席，并向对方做出必要的解释。

其次，有礼貌。

在双方第一次谈判会面时，要遵循基本职场礼仪和实际会面情况处理好初次会面。以对方来本方约定地进行谈判为例，作为东道主，应主动进行自我介绍或引见，在介绍中合理称呼对方，目视对方、环视大家，介绍职务时简洁清晰，言行举止大方得体；谈判双方的主要谈判当事人相互了解后，应握手或点头致意，同时可以说一些礼貌会面用语，如“您好”“幸会”“久仰”等；递接名片应用双手，以表示尊重；可赠送见面礼，表示友谊或纪念；根据谈判规格可合影留念后请对方入座。周到的礼节一定会给对方留下良好的第一印象。

再次，客观、不偏颇。

在双方每一次的谈判接触中，都要准确掌握谈判的时间、地点、人数，提前准备，准时入场。在谈判交流过程中，尊重对方，态度诚恳，措辞合理，就事论事，人事分开，切实围绕谈判议题展开谈判，不评头论足，对对方女性谈判当事人不得有性别歧视。

最后，尊重对方文化、风俗和工作习惯。

在双方的每一次谈判接触中，都要始终明白哪些话题内容可以讨论，哪些话题比较敏感需要对方主动提及，哪些话题是绝对不可碰触和提及的。

在谈判中，不主动提及对方禁忌的与谈判议题无关的宗教信仰、文化风俗等问题。

此外，对于对方的企业文化和工作习惯应有了解。

有很多国家的人不喜欢在工作以外的私人时间讨论工作中的事情，因此在谈判期间，一些工作上的沟通应尽量选择在对方的工作时间进行，跨国视频谈判应充分考虑时差问题。

一些国家的人无论在什么场合都不愿意与其他人靠得太近，因此在与对方交谈时要保持一定的社交距离，不要随意拍打或碰触对方的身体，也不要问对方一些与谈判无关的私人问题。

还有一些国家的人对某种颜色、某种动植物有特殊的情感，在谈判场所、宴请、非正式场合的交流交际过程中，应对此有所了解，避免因穿着或言语不当而使对方误会，给对方留下不好的印象。

除了上述提到的谈判礼仪，关于谈判的各种礼仪、礼节问题还有很多，谈判当事人应对此做好充分的了解与理解，避免在谈判期间有意或无意冒犯到谈判对象。

◆ 尊重对方的人格与文化

参与谈判的任何一方的谈判人员的人格和人权都是平等的，不容侵犯，要懂礼貌、知礼节、尊重对方。

在跨地域谈判、多边谈判、涉外谈判等谈判中，谈判当事人来自不同地域或国家，彼此的文化背景和习俗不同，对此，要充分尊重对方的文化，求同存异，谋求共识。

在谈判前，谈判当事人不仅要针对谈判议题展开一系列准备工作，也要关注对方与自己的文化差异，在谈判活动的会面和谈话中避免说出或做出不了解、不尊重对方文化的言行，以免自己的谈判形象在对方心中大打折扣，影响谈判的开展。

施展语言魅力

语言在谈判活动中发挥着非常重要的作用，可以说，没有语言，就失去了交流，那么谈判也将无从谈起。

口者，心之门户，智谋皆从之出。

——（战国）鬼谷子

一开口，就惊艳全场

谈判中唇枪舌剑的场面非常常见，谈判人员要充分发挥自己的语言能力，在谈判场上据理力争，有力推进谈判进程，实现预期的谈判效果。

一开口就令人惊艳，需要谈判当事人有良好的语言表达能力、专业的知识素养、强大的个人气场和出色的气质等。这里仅讨论令人惊艳的语言表达。

在谈判中，谈判当事人表明己方观点时，应声音清晰、节奏明快，确保对方的谈判当事人都能够清楚地听到。

W 公司近期有一场面向国外经销商 Y 集团的商务谈判。经公司探讨，安排 C 先生和 Z 女士作为谈判代表前往对方公司参与谈判。谈判日，双方寒暄落座之后，谈判正式开始，对方谈判代表首轮发言犀利，似乎有意要给 W 公司的谈判代表一个下马威。

听完对方的发言后，C 先生微微一笑，随后以一口流利地道的外语对对方愿意坐下来参与谈判表示了感谢，并清晰准确地表达了 W 公司真诚的谈判意愿和追求的谈判共识，语速舒缓、音量适中、不卑不亢。随后，Z 女士进行了补充发言，语气柔中带刚、优雅自信、落落大方。

一席话下来，Y 集团的谈判代表的面部表情明显有所舒缓，语气态度也不似之前强硬，对 W 公司提出的真诚友好的谈判提议和出色的语言功底表示了赞许，最终双方在比较轻松愉快的谈判氛围下友好协商并达成了共识。

W 公司的谈判代表出色的语言表达无疑在 W 公司与 Y 集团的谈判中起到了助力作用。远赴他国谈判是没有主场优势的，但 W 公司的谈判代表显然通过语言方面的出色表现，将劣势转化为优势，给 Y 集团的谈判代表留下了深刻的印象，令对方重视本次谈判，并能真诚地与 W 公司进行进一步的深入谈判。

令人惊艳的语言表达，不仅能在谈判中清晰地阐明需求、缘由、立场，也能为自己的同伴增强信心。同时，掷地有声、直击内心的语言更能令对方赞许或产生压力。这些都充分说明，谈判中的语言能力是非常重要的，要充分发挥自己的语言优势与魅力。

表达准确，表意明确

准确是谈判当事人在谈判时进行语言表达的基本要求。这一点并不难理解。

简单举例来说，双方事先约定好的谈判时间、地点、谈判代表人数等信息应准确，如果双方在沟通过程中出现了误会，那么谈判就无法顺利开展。

在谈判过程中，每一个谈判当事人都应该对自己说出的话负责任，要表达准确，明确阐述自己的观点、需求、意愿，避免歧义、模糊的表达，从而有序推进谈判。

用语专业，令人认可

用语专业，是实力的表现，是谈判底气。

任何类型的谈判，都需要谈判当事人用专业的实力来“说服”对方，这是成功谈判的重要利器。

例如，在专业性较强的法律谈判中，谈判当事人应关注自己的法律专业用语，应字词准确，简洁精练。

在这里需要提醒的是，如果在对方谈判人员中有非专业人士，那么在使用专业术语的同时，也要关注到用语的易理解性，在必要时做简短解释，但不要在整个谈判中充满各种解释，具体要结合谈判实际情况进行合理把握。

再如，在一些专业领域的商务谈判中，如从事进出口贸易的企业进行谈判时，对于各种进出口贸易活动所涉及的贸易方、贸易关系、专业贸易名词的全称或缩写等，要做到准确用语，避免误用、混用，以免产生误会和摩擦。

有理有据，让人信服

针对各种谈判议题进行交流磋商，需要谈判双方分别给出强有力的事实、法律、情理等支撑，这些资料需要谈判当事人提前准备，并确保真实有效，能成为谈判中的有效砝码，获得对方的理解、认可，进而同意己方提出的谈判建议。

在谈判中，要在结合丰富的材料、事实支持的基础上，充分利用有理有据的语言来打动对方、说服对方。

基于事实的谈判胜于雄辩

击中要害，适当赞美

成功的谈判，需要当事人做到巧舌如簧，把话说到点子上，把话说到对方心里，明确指出谈判议题的核心问题，一语击中对方谈判要害（弱点），只有这样，才能在谈判中掌握主动权。

谈判并不意味着一定要剑拔弩张、怒目相对，谈判的最终目的是寻求双方利益的最大化，核心仍是合作。

谈判中，可以通过对对方谈判人员的谈判态度、谈判礼仪、谈判中的发言或某议题的解决方案给予肯定，缓解严肃、紧张的谈判氛围，有助于推进谈判进程。

谈判中的赞美，应注意措辞诚恳、态度客观、不过分夸张。

巧用体态语，为谈判助力

体态语，即眼神、身体姿态、手势等身体语言，也就是日常生活中人们常提到的表情肢体语言。

在谈判中，除了口语表达，谈判当事人可以通过丰富的体态语来传递本方的谈判态度，以及对对方谈判当事人的发言的反应，也可以通过体态语表达和释放某种“谈判信号”以推进谈判。

简单举例来说，在谈判过程中，当对方讲话时要目视对方以示尊重，上身可稍前倾，表现出对对方的讲话内容感兴趣；自己或对方讲话时，目光闪躲是不自信、不真诚的表现，而坚定、自信的目光则能增强说服力。另外，谈判中，不可流露出傲慢鄙视的眼神和表情。

身处劣势也要镇定自若

谈判是场博弈。这种博弈是策略与技巧的博弈，也是心理博弈，是谈判双方或多方综合实力的较量。

谈判通常是不对等的，无论在场地上还是实力上，总是会有一方占据谈判优势，而另一方则处于劣势。当身处谈判劣势时，也不要慌张，要及时调整心态，镇定自若，寻机实现翻盘。

微笑无须成本，却创造出许多价值。

——［英］斯提德

冷静复盘，寻找翻盘机会

在实力相差悬殊的谈判中，处于劣势的一方的谈判话语权相对较少，争取自身权益的可能性较小，但是，当谈判中的一方处于谈判劣势时，一定是实力不足吗？并非如此。

当一方处于谈判劣势时，要及时冷静地分析从双方谈判开始到谈判态势转化过程中己方处于劣势的原因，及时复盘，寻求翻身机会。

如果己方的谈判实力低于对方或与对方实力相当，那么应该认真分析己方处于劣势的原因是己方谈判能力或经验不足、准备不充分，还是存在掉以轻心的问题。针对这些问题，应及时制定出应急谈判对策以尝试扭转谈判战局。

如果己方受客观时间、资源需求限制而急于推进谈判，对方往往会抓住这一点让己方陷入谈判劣势。针对这种情况，应尽量保持冷静，做好情绪管理，有意识地放慢谈判节奏，给对方释放“可以慢慢谈”的信号，用自己坦然处之的态度使对方放弃对己方的压制。

用“屈服”假象迷惑对方

谈判受多种因素的影响，因为一件事或一个方面而断定谈判失败是经验和能力不足的表现，只要谈判没有结束，谈判中就会充满各种变数。

当己方处于谈判劣势时，一定不要慌张，应认真分析当前的劣势对己方而言是不是致命的，分析对方抓住这一劣势的谈判策略和谈判目标是什么，在此基础上，迅速组织有效的应对措施。

正所谓兵不厌诈，将计就计、假意屈服劣势是谈判翻盘的常见技巧与方法。

在适当的时候，如果发现对方抓住了自己的一个次要短板展开谈判攻势，那么完全可以将计就计，故意表现出己方的为难，令对方持续跟进这一方面，这样己方就有机会在自己的主要短板上争取到更多的权益。

及时止损，减少让步

成熟的谈判者对谈判可能出现的各种情况和结果是有大致的心理准备和策略准备的。

如果从各方面实力来看，己方在谈判桌上根本无法与对方抗衡，那么在谈判交流的过程中，可多次重申谈判诚意，用市场规则、法律法规、社会道德与公序良俗来提醒对方，并结合自身实际情况据理力争，维护自身的合理合法权益，必要时应及时止损，以免对方在谈判过程中咄咄逼人、得寸进尺。

反守为攻，促使对方让步

谈判场上形势多变，在各种因素的影响下，谈判局势随时都有可能发生变化。当己方处于谈判防守状态时，就要伺机寻找机会，反守为攻，实现谈判目的。

有效的沟通取决于沟通者对议题的充分掌握，而非措辞的甜美。

——［匈牙利］葛洛夫

蓄势待发，绝地反击

充分的谈判准备是必要的，既包括谈判活动开始前的系统准备，也包括谈判过程中的每次讨论间隙的准备，准备的过程就是蓄势的过程，蓄势越足，出击就越有力。

当处于谈判下风进行防守时，一方面要仔细倾听对方的讲话，发现对方的漏洞，找到出击的机会和方向；另一方面要积极为反击做好万全的准备，以免一击不中，对方加强防范。因此，不要急于求成，要沉着冷静，有力蓄势，伺机给对方致命一击。

沉默也是一种谈判技巧

这里的谈判沉默并非缄口不语，而是不发表看法。

谈判对抗中，当对方有序展开攻势，步步紧逼时，可以适时地以沉默应对，无论对方说什么，提出什么样的条件或要求，都请对方商量下再重新陈述。

某法律事务所近期准备对入职新人组织一次模拟法律谈判。张旭与王然分为一组，他们拟分别作为双方利益当事人的代理律师进行谈判。张旭对谈判议题比较熟悉，对此类议题的争论焦点非常了解，而且有过谈判经验，因此信心十足。王然虽初次参与此类谈判，但对法律条文非常熟悉，因此也颇有信心。

模拟法律谈判开始后，张旭就营造了快节奏的进攻氛围，将丰富的资料、事例等通过快速的语言表达向王然连环施压，几轮下来，王然明显处于下风。随着王然逐渐进入谈判状态后，在张旭又一次的长篇大论后，王然停顿几秒后，对张旭说："根据上一轮对话和劳动法的有关规定，请你认真考虑你的第三条和第四条主张，希望你对此做出进一步解释。"张旭没有想到王然并没有慌乱回应，而是让自己再详细说一遍，于是心里开始怀疑自己到底有没有讲清楚，刚才说的话哪里不符合法律法规，这样的思虑下，接下来的谈判也乱了节奏与章法，最终在谈判中的表现越来越不尽如人意。

上述案例充分说明，沉默在谈判中如果利用得好会成为一个谈判利器，当对方再次发表看法时，另一方可能会迎来局势的转变。

对于对方来说，对方可能会认为自己没有表述清楚，或者对自己提出的谈判议题解决对策心存疑虑，这时他们的谈判气势就会有所减弱，而且突如其来的沉默也会打破对方的谈判节奏。

对于处于劣势的己方来说，当对方重新就谈判议题发表看法时，可以从对方的进一步发言中寻找新的契机进行再次谈判。同时，也能为己方争取更多的时间。

抓住对方弱点，一招制胜

再厉害的强者也有弱点，善于谈判的人总是能敏锐地发现对方的漏洞，并抓住时机将谈判的争论点引导至对方无力招架的弱点上，进而一招制胜。

细节在于观察，成功在于积累。

——［美］爱默生

会说，更要会观察与思考

说（各种语言表达）在谈判中发挥着重要的作用，但只会说对于取得谈判的成功显然是不够的。

谈判当事人在谈判过程中，应具有敏锐的观察力、敏捷的思考能力，通过敏锐的观察发现对方的弱点，通过敏捷的思考针对对方的弱点制定谈判策略。

首先，敏锐的观察力是谈判制胜的基础。

谈判场上，观察的内容包括对方的神态、眼神、微表情、肢体小动作、手势、体态与姿势变化等，从细节中“读懂”对方的内心，判断对方的信心不足之处、准备不充分之处。

此外，还可以从对方谈判人员配备、企业或组织经营管理情况、媒体报道等多个层面来观察对方谈判人员（企业或组织）。

仔细观察对方，洞悉对方心理

其次，敏捷思考是谈判制胜的必要条件。

针对谈判期间所发现的对方的弱点，应积极快速地思考有效的谈判应对策略，并充分考虑策略实施的优势与不足，及时完善、灵活调整，争取在谈判中能有效震慑和打击对方。

谈判中的相互交谈通常不会给任何一方留过多的思考时间，这就更加说明了谈判时敏捷思考的重要性，这对谈判者的知识储备、谈判素养、经验阅历等都有较高的要求。

警惕对方的“弱点陷阱”

从理论上来讲，双方能够坐下来谈判，谈判的任何一方的胜负率都是相同的，一种谈判策略的出现也必然会面临着另一种谈判策略的抗衡。在谈判中，谈判弱点是一把“双刃剑”。

如果发现了对方的弱点，那么在制定针对对方弱点的谈判对策时要谨慎，要保持警醒，应准确判断对方的弱点是真实存在的还是对方在谈判期间故意释放出来的“烟幕弹”。

如果能准确抓住对方真实的谈判弱点，应果断出击，毫不客气地猛烈攻击，争取一招制胜。

如果能准确判断对方的弱点是障眼法，那么可以将计就计，有效实施反击，争取谈判胜利。

如果不能判断对方的弱点是真是假，应谨慎提要求或条件。

通过提问探知想要的答案

谈判的过程中要想快速获悉对方的真实谈判态度或谈判底牌，最直接的方法就是提问，当然，提问时要讲究方式方法，这样才有希望顺利获得你想要知道的答案。

不学不成，不问不知。

——（汉）王充

用提问来了解对方的需求

谈判过程中，有时双方在互不了解对方谈判具体需求的情况下很难有针对性地开展谈判，这种情况下就有必要尽快了解对方的需求以及对方迫切需要解决的问题。

通过提出一些基础性问题，可以了解对方的一些基本情况，如销售者与消费者在选购商品过程中的谈判，通过询问对方对产品功能、价位、使用体验等方面的问题，可以从现有的销售产品中进行有效的筛选，从而为消费者推荐符合其购买需求的产品，并最终促进产品推销和消费者购买产品的预期结果的实现。

通过引导性的提问，能帮助谈判方明确需求。如S企业委托C设计公司为即将上市的产品设计一系列的推广海报，但是设计需求不明确，只是简单地提出几个定位模糊的关键字“时尚”“好看”。C设计公司的设计师E先生根据以往同类产品的设计经验提供了几款设计方案后，S企业表示还需要进一步完善，但又提不出完善方向，设计陷入僵局。E先生约S企业的产品经理进行了一次谈话，详细询问了即将上市的新产品的消费者人群、企业文化、预期推广效果等，并在了解情况的过程中为对方产品经理提供不同的关键字选择，最后建议对方在现有的一个时尚风格设计方案中尝试加入国潮元素，对方产品经理顿时表示就是想要这种新潮又有文化内涵的碰撞效果，希望新产品能在市场上引领风尚，于是设计方案很快就确定下来了。

主动提问，主导谈判

在谈判初期和谈判陷入僵局时，可以通过有针对性的提问来引出谈判的讨论焦点，引导谈判的有序开展。

谈判中，无论你的提问对方有没有做出明确的回答，你都会从对方的谈话中了解到关于你所提问题的相关信息或态度，信息掌握得越多、越全面，对谈判的成功就越有利。

有时，谈判中的提问可以作为谈判进程的提醒，能引导谈判从一个议题的讨论进入下一个议题的讨论，或将谈判双方争论的某个焦点问题转移到其他方面的问题讨论，这种对谈判内容的主导是掌握谈判主导权的表现。

张某入职公司之后经常成为销售冠军，原来他有自己的推销秘诀。在面向客户进行促销或推销过程中，张某总是通过一些与产品有关或无关的问题的提问，多引导客户说“是”。这样会让客户产生一种非常认可张某的心理作用。在这样的心理作用和不断肯定的思维惯性下，张某总能让客户认识到产品的优点以及对产品的需要，也正因此，张某很容易获得客户的认可，收获很多订单。

在这里需要特别提醒的是，谈判中的提问要把握以下技巧，以免引起对方的反感。

第一，谈判中的提问，应避免反复多次提到与“买”相关的字词，如“买到就是赚到”“买了不吃亏”，因为无论对方买不买都应该是对方的主动选择，而不是其他人的强加，因此应从对方的角度去提问，用“选择”代替“买”。

第二，如果想得到对方明确的回答，应避免开放性的提问，以免对方答非所问。

第三，封闭式、选择性的问题是必要的，这些问题能引导对方对自己提出的方案、产品、服务等进行选择，将对方的选择限定在自己提供的范围内。但应注意，提供的选择不要太多，以免对方陷入选择困难而拒绝选择。

第四，开放性的问题适合营造轻松的谈判氛围，帮助己方获得更多与谈判有关的信息。当一个问题需要对方用很多语言才能表达清楚时，就能从对方的“长篇大论”中“摘取”自己可能需要的信息。

第五，提问应有针对性，应简明扼要，避免对方在听完己方的提问后不知所云，不能明白己方所提问题的要点与焦点，并因此质疑己方的专业性和表达能力。

第六，提问应有对策。在谈判中，任何一方都有提问的机会和权利。当己方提问后，对方可能会进行反问，因此应提前准备好应对方案，避免对方突然反问时己方不知所措情况的出现。

第七，提问应有分寸。谈判中的提问应围绕谈判议题进行，避免就比较隐私的个人问题、涉及商业秘密的问题等进行提问。这样的提问会让对方觉得谈判缺少诚意、充满挑衅，不利于谈判的持续推进和有序开展。

第八，避免反复提问和追问。

反问也是一种谈判技巧

通常情况下，处于争论和对抗中的双方或多或少在某些事实、原则方面是相互认同的，这正是双方能够进行谈判的重要前提。而在谈判中，如果一方能够不断基于既定的事实进行延伸性的反问，就可以打消对方的疑虑，因为对方对事实的认可会促进对方对基于事实的延伸讨论的认可。

在谈判中，如果将己方的意愿强加给对方大概率是会被拒绝的，但是如果让对方从认可己方的角度进行多选一、二选一，就会让谈判顺利很多。

以己方提供的产品或服务是对方需要的事实为例，如询问对方："我们之所以能坐在一起，难道不正是想要帮您达成寻找质优价廉的产品来降低成本、提升企业竞争力的目标吗？""我们提供的几款产品中有如下三款是符合您的需求的，只是看您更倾向于哪一款产品。不同的产品对您会有不同的帮助。"客户一般不会说一款都不需要，对方会从你提供的产品中进行选择。

以针对条件的谈判为例，从约定谈判条件可能引发的结果出发去提问，让对方考虑结果，如"这样的结果是您希望见到的吗？"类似这样的提问会让对方对条件本身进行思考，也会让对方产生"要承担某种责任"的压力。这样的反问可以起到主导谈判的作用。

巧妙回答，把控谈判方向

不光提问讲方法，回答也是讲技巧的。在谈判中，巧妙的回答可以有效绕开对方的陷阱，甚至可以把控谈判方向。

满足需要是一切谈判的共同目标。

——［美］尼仑伯格

想好了再回答

谈判当事人在谈判过程中的发言往往代表了企业或组织的利益，是企业或组织的发言人，因此在谈判中对于对方提出的任何问题都应该谨慎回答，要对自己说出的话负责任。

绕开对方的陷阱

谈判中的提问很有可能存在陷阱，在回答时应警惕因进入对方的提问圈套而落入陷阱，具体应注意以下几个方面。

第一，避免追问，多找客观原因。

当谈判中的一方试图将问题的责任归于另一方时，可能会通过连环追问来施加压力。面对这种情势，比较稳妥的应对方法是在回答对方的问题时多找客观原因，如不能如期交货，可从天气、交通运输等方面来寻找原因，千万不要主动从自身的生产上去找原因，否则就会让对方有机会进行生产问责，质疑产品质量，让己方处于谈判中的不利地位。

第二，避免彻底回答。

当对方提出一个封闭式的陷阱问题时，要避免给出“是”“可以”“同意”这样的回答。可以针对对方问题中的某一部分、某一个关键词发表己方的看法，将问题的讨论焦点进行转移或延伸，进一步探讨己方比较关注的谈判议题。

第三，避免确切回答。

对于诸如“报价多少”“预算是多少”“哪天能交货”“是否同意这个方案”这样的问题，在谈判中一定不能在对方第一次提问时就给出确切的限定性回答。

很多情况下，谈判中一些问题的回答是需要“打太极”的，可以绕开问题而言他，也可以针对问题给出一个范围，不要轻易亮出自己的底牌。

可以拒绝，但要有技巧

拒绝往往令人感到不适，但在面临对方提出的比较难以认同或苛刻的条件时，拒绝是必要的。谈判中的拒绝可能意味着谈判的结束，也有可能意味着新的转机。谈判中的拒绝要讲究方式方法，优秀的谈判者必须要掌握拒绝的技巧。

说出拒绝的理由时，别忘了为未来的索要留下某种余地。

——［英］阿瑟·赫尔普斯

诚恳拒绝

任何人、任何时候都不能为了达成谈判目的，而在原则问题上妥协。因此，针对对方提出的条件确实无法达成、谈判再无成功的可能时，应客观陈述原因，并表示遗憾，期待以后再次合作。

例如，对方预购买本公司的一批产品，对产品的价格压得非常低，确实超过了本公司的成本承受能力，应如实讲明。说明在不偷工减料、严格确保产品质量的情况下确实难以给出对方要求的产品价格，希望对方能重新认真考虑报价。

委婉拒绝

针对对方所提出的难以实现的谈判策略，在阐明缘由的基础上，委婉拒绝对方可以保全谈判双方的“面子”，为接下来的谈判和以后的合作奠定基础。

可以通过讲笑话的方式来拒绝对方，例如，当对方要求必须在严苛的限定期限内交货时，可以对对方说：“如果一天有60小时的话，我想或许可以。”这既避免对方难堪，又能让对方从幽默的话语中听出弦外之音。

可以将对方带入己方所处的境地，诱导对方做出和己方一样的选择。例如，某政客在一次同学聚会上碰到了一位多年同窗。该同窗不断追问最近的军事部署秘密。政客低声问同窗：“如果我告诉你，你能保守秘密吗?”同窗听了后毫不犹豫地说:“当然能!”政客听罢微微一笑道:“我也能。”同窗听出言外之意，便知趣地不再追问了。

严词拒绝

在涉及原则性问题的谈判中，针对对方提出的无理要求和条件，应该严词拒绝，清晰、明确地表明己方的态度与立场。

当在谈判中，个人人格、隐私、企业或组织合法权益、国家主权等受到侵犯时，应严词拒绝，指出对方的错误，重申谈判的前提。

必须充分认识到，任何谈判都必须在相互信任、相互尊重、合法、合理的前提下有序展开。如果违背了这些前提条件，那么任何谈判都是无意义的。

CHAPTER 4

第四章

活用谈判策略，掌控谈判全局

你能保证你的每一次谈判都能大获全胜吗？相信很少有人会说："我能。"实际上，要想谈判成功并不是一件容易的事情。谈判时，除了要事先做好谈判的准备工作，掌握基本的谈判技巧，还要熟悉并能灵活运用各种谈判策略。越是能有效地运用谈判策略的谈判者，就越是能从容地应对谈判中的各种状况，进而让谈判朝着有利于自己的趋势发展。所以，一定要掌握谈判策略，并加以灵活运用，这样才能有效掌控全局。

积极救场，打破僵局

在谈判过程中，双方很容易因为猜疑、分歧等陷入僵局。当出现僵局时，千万不要焦虑、恼怒甚至做出过激行为，否则谈判很可能会因为消极应对而被迫中断，甚至失去与对方建立合作关系的良机。所以，面对谈判僵局，首先要做的就是积极救场。

绝境是天才的进身之阶，信徒的洗礼之水，能人的无价之宝，弱者的无底之渊。

——［法］巴尔扎克

僵局是如何发生的

在谈判过程中，出现僵局在所难免。毕竟，谈判是需要双方就某一问题展开协调、磋商，最终达成共识的过程，所以其间出现意见不统一的情况，或者发生矛盾都是很正常的事情。僵局的发生主要有以下几个原因。

其一，观点上的冲突。在谈判时，如果双方就某一问题始终坚持己方的看法且排斥对方的看法，就可能出现僵局。有时，双方会因为某个不太重要的立场忽略了真正的利益需求，彼此会为了维护自己的颜面而不愿意做出让步，甚至会不断地否定和指责对方，强迫对方认同己方的观点。

其二，反抗对方的强硬态度。在谈判过程中，当一方始终表现出高高在上的姿态或是一味地强迫另一方遵从己方的观点与指令时，另一方很可能产生反感，并且坚决不退让，于是就出现了僵局。

其三，沟通障碍。谈判双方很可能会因为如观念、习俗、语言、教育程度、表达方式、性格等方面的差异而出现沟通上的障碍，致使双方都不能准确地传达或接受准确、真实、全面的信息，让谈判无法继续下去，出现僵局。

其四，突发事件。当谈判谈到一半时，一个偶发事件的出现，如条款变动、人员的意外、商品的变化等，可能影响某一方的利益，进而使谈判陷入僵局。

在谈判桌上，出现僵局并不可怕，只要能准确地分析原因，积极救场，就可以顺利化解僵局。

积极救场，别让谈判就此破裂

虽然发生僵局在所难免，应该正视它的存在，但这并不意味着可以掉以轻心。僵局很可能会影响谈判的进程，所以要学会积极救场，打破僵局。

其一，转移话题，活跃气氛，打开思路。当双方因为某个观点而陷入僵局时，讨论再久也对谈判本身毫无意义，只会疏远彼此的关系，甚至让谈判就此终止。此时，需要做的是找到一个新的话题来活跃气氛，为谈判成功争取更多可能性。

其二，要求暂停谈判，或通过降低语调、放缓语速等加以暗示。当一方固执地表明主观立场，偏离了谈判目标，而使谈判陷入僵局时，另一方首先要保持冷静，然后可以视情节轻重来决定是要求暂停谈判，还是通过降低语调、放慢语速等来暗示对方态度不端，待对方调整好状态之后再继续谈判。

在谈判桌上，因为双方都会将自身的利益放在首位，所以很容易忽视对方的利益。如果能在发现问题时第一时间叫停谈判或者用语言加以暗示，那么可能避免后续的很多纷争。及时叫停会让对方立即发现自身的问题，进而快速做出改正，努力朝着合作的方向进行谈判。你的委婉暗示不但可以为对方保全面子，而且能督促对方在接下来的谈判中注意自己的言行。

只要双方都是奔着合作进行谈判的，那么一旦一方提出了质疑或者表达了不满，另一方就会认真反思和改正。

其三，学会示弱，以退为进。当自己的观点始终不被对方看重或是不断反驳时，可以学着先示弱。步步紧逼不但不会击退对方的士气，反而会激化彼此的矛盾。相反，如果懂得顾及对方面子，向对方示弱，待对方放下敌意后，可以适时阐述自己的观点，甚至可以在合适的时机提出自己的要求，让对方不好意思拒绝。

需要注意的是，示弱并不是为了向对方展露自己的缺点，博得对方的同情，而是为了让对方感受到你的尊重。在向对方示弱时，除了要向对方表达出自己当前可能无法解决的问题，还要表明自己诚心合作的意愿。这样，对方也许会因为你的诚意给予你一定的支持和帮助，进而愿意与你谈下去。

年底了，王勤决定就自家门面房涨租的事情找李老板谈一谈。面对王勤涨租的要求，李老板却生硬地拒绝："涨不了。"王勤有些诧异："那明年要不要继续租了？"

李老板抱怨了起来："这一年来，马桶返水，墙皮脱落，暖气漏水，这些小问题都是我自己花钱解决的，每次找你，你都有各种托词，现在还要涨 2000 元的房租……"

两人谈得不欢而散。第二天，李老板主动找到王勤，先就之前的态度道了歉，随后坦诚地说起了自己的情况："您得理解我的难处，去年一年我的生意都不太好，家里还有两个孩子读书，一位老人常年卧床……听您说要涨房租，我心里一急难免口气冲了些，但我是真心实意想和您继续合作的。"

见李老板口气诚恳，王勤脸色也缓和下来。两人在和谐的氛围中聊了很久，最后决定明年先不涨租金，算作之前一年李老板为店铺花费的维修费用，如果明年再发生需要房东承担的维修费用可以直接索要发票年底结算，但后年的租金要跟周围店铺持平。李老板的主动示弱让谈判获得了一个皆大欢喜的结局。

其四，坚定立场，提出其他建议。有时候，即便谈判陷入僵局，但如果其中涉及直接伤害己方的利益或侵犯己方的原则问题，那么就不能委曲求全，要坚定己方的立场。但为了维持谈判关系，打破僵局，可以提出其他可行性建议。

孙名是某部门的负责人。这天，公司王总来到他的办公室，直接提出要求："这个部门刚接到了一个新项目，亟须一位技术娴熟、吃苦耐劳的老员工。我觉得你的助手王锋就是最合适的人选。"

孙名犯难道："他对于我们部门来说非常重要，如果他调走了，我们部门将会有很大一部分工作是没人能胜任的，所以王锋不能调走。"

王总接着说："如果这个新项目做成了，你也有一份功劳呢。"孙名并没有因此而改变主意，而是坚持自己的态度。王总见孙名态度坚决，表情有些不悦。孙名担心王总会因为此事对自己有意见，于是突然灵机一动，提出："对了，我认为隔壁部门的李丰是更适合您的人选。他虽然年龄不大但一直都特别勤奋，业务娴熟，技术过硬，去年年底还是公司的优秀员工呢。而且他们部门今年没有太多的工作任务。"王总听到后觉得这是很好的提议，于是打算去谈一谈。

可以看出，孙名考虑到自己部门的工作情况，坚定地表明了自己的态度，但为了打破因自己的坚持而产生的僵局，孙名又提出了新的建议，很好地和王总达成了和解。

跨越矛盾，维持大局

谈判桌上的局势和动向都是难以预料的，双方都希望自己的利益能实现最大化，这时难免会出现矛盾。显然，矛盾的发生定然会对谈判双方的利益和情绪带来不良影响。矛盾出现后无外乎会带来两种结果：跨越矛盾继续谈判或谈判破裂。后一种情况自然是双方都不想看到的，因此为了能继续谈判，双方要学会跨越矛盾。

改造自己，总比禁止别人来得难。

——鲁迅

将心比心，互相理解

之所以在谈判中发生矛盾，很大一部分原因是一方认为利益分配不均而感到极度不满，进而做出一系列反抗行为。当你与对方在谈判中发生矛盾时，你可以尝试换位思考，做到将心比心。

多从对方的角度考虑问题，就能更加理解对方的态度，进而能及时改变谈判的方式和策略。当对方感受到来自你的诚意之后，也会改变之前的强硬态度，愿意与你有进一步的沟通。

相互理解，坦诚合作

刘某从事热水器安装工作。一天，刘某去给一位客户安装热水器，他一进门就告知客户："您家的旧热水器还没拆下来呢，您先得支付80

元的拆卸费用，我再给您拆旧的，装新的。”

客户有点生气：“拆旧的还要付钱？那我不安装了。”刘某皱眉道：“如果您不安装，那也要支付我上门的费用30元。”客户质问道：“你上门服务之前怎么不告诉我一声，现在突然多了一个拆卸费，我怎么知道你的收费合不合理？”

听了客户的话，刘某突然意识到应该是新来的客服小王忘记告诉这位客户要额外收费了。想到这儿，刘某开始理解客户的态度了。他耐心地跟客户解释：“我想就刚才我说话的态度跟您说声抱歉，可能一开始客服没有和您沟通好，我给您看一下我们的收费标准，这样您就能清楚我的收费是合理的。”说完，刘某就拿出了手机里存着的收费标准以及之前的收款记录，并为客户解释了每笔费用是如何产生的。

客户听完刘某的解释后，心情平复不少，并愿意支付费用。终于，两人互相体谅，顺利安装了热水器。

可见，当发生矛盾时，如果有一方能比较理智，做到将心比心，那么也就有可能成功跨越矛盾，让谈判继续下去。

揣着明白装糊涂

人生在世，难得糊涂。谈判也是如此，在谈判中也是需要“糊涂”一些的，但这里的“糊涂”并不是真的糊涂，而是揣着明白装糊涂。当对方想方设法、拐弯抹角扩大自己的利益时，这些利益对己方而言又是可以接受的，那么就不必拆穿对方，此时装一装糊涂，可以避免因戳穿对方而激发矛盾，也能维持谈判局面，给对方“占了便宜”的感觉，而己方则可以在今后的合作中谋求更多的利益和更大的发展。

A制衣厂近期亟须采购3台机器，但因为数量少很多制造商都不愿意提供送货上门的服务。于是A制衣厂负责人抱着试试看的态度，找到了B制造商。

A制衣厂负责人咨询B制造商负责人：“我们目前只想订3台机器，你们能提供送货上门吗？”见对方犹豫，A制衣厂负责人又继续说：“我们询问了很多家，他们都是提供上门服务的，不过我们看中了你们产品的质量，所以想与你们合作。”B制造商负责人心里十分清楚怎么回事，但并没有拆穿对方，而是选择装糊涂，先了解清楚了对方的基本情况后表示要询问一下领导。

经过查询得知，A制衣厂销量很不错，今后还会需要大量的机器设备，而且己方公司最近刚好要往离A制衣厂不远的一家工厂配送十几台机器，可以顺便一起配送，于是B制造商负责人欣然答应了。

可见，如果B制造商负责人直接戳穿对方，那么谈判双方就会产生矛盾，所以不如装一装糊涂，这样既能赢得新的客户，又能为之后的发展创造机会，何乐而不为呢？

声东击西，出奇制胜

声东击西会让对方以为你要打东边，实际上却攻了西边，让对方在一开始就被迷惑住，进而放下了西边的防守，而去全身心地守护东边，最终失去了西边阵地。学会了声东击西，在谈判中就能掩饰自己的真实意图，让对方产生错觉，进而乘虚而入，达到出奇制胜的效果。

机遇只偏爱有准备的头脑。

——［法］巴斯德

有备而来，让对方猝不及防

要想用声东击西的策略掌控全局，首先要做好充足的准备。机会永远是提供给有准备的人的。面对任何一次谈判，你都应该做足准备工作，这样才能在关键时刻扭转谈判局势。

比如，如果你想让对方降低价格但又不好直说，那你就可以事先调查好对方产品存在的一些缺陷，在谈判过程中直指缺陷，提醒对方要认清事实，否则将可能无法合作；如果你想缩短交货的日期但又担心对方不同意，那就可以提前搜集一些材料去证明其他合作伙伴的工作效率有多高，你可以强调你对这些合作伙伴的好感，再委婉提醒对方的交货期限太长。总之，如果你想用声东击西的策略说服对方，那就要做好充足准备，让对方猝不及防。

A门店打算以较低的价格从B工厂订购一批款式新颖的服装。为了能以声东击西的策略说服对方，A门店的谈判者特意考察了其他工厂，并搜集了相关信息。

谈判时，B工厂的老总为A门店的谈判者展示了样衣，并提供了服装的相关信息，包括颜色、面料、尺码等。A店的谈判者却没有表现出浓厚的兴趣，只微笑表示："我之前考察了一些工厂，现在有几家特别想与我们合作，他们的建厂时间都很早，口碑也蛮不错的……"随后他详细介绍起了这些工厂的情况。B工厂的老总顿时紧张起来，略一思忖，他缓缓说道："其实我们工厂的实力并不比您说的这些工厂差，就是建厂时间短一点。您要是能与我们合作，我愿意给出比他们低的价格。"

A 门店的谈判者听到这样的回答后很满意地笑了，并给出了答复：“看您这样有诚意，我很愿意多了解一下您的工厂。”最后，A 门店的谈判者如愿以偿地以较低的价格从 B 工厂老总那里订购了服装。

迷惑对方，让其主动让步

在谈判过程中，还有一种可以达到声东击西作用的方法，即迷惑对方，使其主动做出让步。

某业务员手中有一位长期合作的老客户。这位客户一直以来订购的都是该业务员负责推销的机器 A。但是，最近该业务员收到了该客户的电话，要求订购一批机器 B。然而，因为该业务员公司主推的是 A 产品，B 产品货存不足，要等两周才能全部到货。于是，该业务员不停地对客户解释道：“机器 B 其实与机器 A 的尺寸、性能以及价格基本相同，只是外观略有不同而已。”

但该客户坚定地说：“我的那几位朋友只认机器 B，他们觉得 B 看起来更好。”这让该业务员犯了难。该业务员尝试催促工厂，也尝试从其他门店调货，但都没能成功。

两天后，正当该业务员为此事急得团团转时，接到了该客户的电话。该客户说：“在我的劝说下，我的几位朋友同意订购机器 A，但是提出了一个要求。”业务员急切地回复道：“您说，我一定尽量满足。”该客户说：“每台机器的价格再低 100 元，他们就考虑换成机器 A。”业务员毫不犹豫地答应了。

可见，该业务员天真地以为客户是想要机器 B 而与其展开了一系列周旋。实际上，该客户显然是一位谈判高手，采取声东击西的办法迷惑了该业务员，最终成功地从该业务员手中更便宜地订购了机器。

欲取姑予，放手一搏

要想从对方那里获得某些利益，不如先给他一些“甜头”，待对方放松警惕之后，就有了为己方谋取利益的时机。可见，欲取姑予是一种很好的谈判谋略。

一分耕耘，一分收获，要收获得好，必须耕耘得好。

——徐特立

先撒网，再收鱼

“天下没有免费的午餐”，谈判也是如此。在谈判桌上，谈判对手不会平白无故地让你拿到所有好处。因此，为了达到自己的目的，在谈判中除了要为自己做周密的谋划，也要舍得给予对方一些好处。当你的付出已经达到了对方的预期时，即使你再提出一些要求，也不会遭到对方强烈的反对。因此，在谈判时一定不要太小气，该付出时就要付出，这样才能有所回报。

某酒店在试营业期间就接到了一个大单。几天前，一家旅行社的负责人来到该酒店想要就合作问题谈一谈。

在谈判中，一开始酒店负责人和旅行社负责人双方都介绍了自己的情况。接着，旅行社负责人向酒店负责人提出了自己的想法，即希望价格能优惠一些。酒店负责人事先了解过这家旅行社，知道该旅行社已经经营多年，并且客源一直很稳定，所以非常爽快地答应了，并说：“因为是试营业，我们也想借着机会冲冲人气，所以可以给您申请最大的力度，八八折。”听到这样的回答，旅行社的负责人非常满意，于是很快签订了合同。

因为这次合作非常愉快，所以该旅行社负责人决定与该酒店保持长期的合作关系。

该酒店为了能与这家旅行社建立长久的合作关系，特意在第一次合作中给予对方很大的优惠。虽然酒店在前期的利润不会太高，但如果能保持稳定的客流量，再加上旅行社的宣传，那么根本不用担心以后的利润。

成人之美不等于自毁前程

谈判的任何一方都期待对方可以答应己方的要求。然而，如果双方都以自我为中心，己方的要求得不到满足也不想成人之美，那么就可能导致谈判中断。相反，如果一方愿意成人之美，那么既可以满足另一方的要求，又为己方创造了进一步谈判的机会。

因此，在己方利益没有实质性损失的前提下，不妨先帮助对方达到目的，然后再为达到己方的目标而做出努力。待对方的要求得到满足后，对方也会将关注点转向你这边，也可能愿意帮你一把，这样你也就有了更大的达成目的的概率。

可见，成人之美并不是自毁前程，而是为了将来的发展放手一搏，帮助对方，也帮助自己。

心有多大，舞台就有多大

勇敢的、足够自信的人更容易在谈判中获得优势地位，正所谓“心有多大，舞台就有多大”。

谈判时，不要纠结于你的要求是否会被对方拒绝，要将更多的心思放在自己的需求上。与其纠结对方是否会答应自己的需求，不如放手一搏，大胆展示自己的想法。这样一方面能增强自己的气势，另一方面也能探知对方的底细。比如，在面试中想要跟面试官谈一谈薪水的问题时，你可以提出你心目中较高的金额，这样既不会因为提得过低而使自己利益受损，也能让面试官看到你自信的一面。

分析利害，助力谈判

谈判时，一定要懂得分析利害，以助力谈判。谈判过程中，不管发生什么状况，都要保持冷静，认真分析谈判对于己方是有利的还是不利的。

有益者不为，无益者为之，所以苦其劳而不见成功。

——（明）薛瑄

分析利害，奔赴佳境

谈判时只有懂得分析利害才能让你尽早发现有利于你的事情，进而做出有利于你的行动，使你快速奔赴佳境。

A公司正在和B公司谈判购买某项技术。因为B公司出现了财务危机，所以这家公司特别希望可以尽快卖出技术，于是在谈判前两天就告知A公司："我们过两天就要进行谈判了，希望贵公司能配合在两天后拿出新的方案来。"A公司的谈判者认真分析B公司这么做的原因，并且发现了这次谈判对己方有利的地方。谈判当天，A公司的谈判者将一份价格比之前低35%的方案交给了B公司。B公司的代表看到这样的价格后表示："这个价格我们实在难以接受。"双方相互争论、解释一番后，建议暂停谈判，下午2点再谈。下午复会后，B公司的代表询问A公司是否坚持上午提出的价格。A公司的谈判者将其定价的基础以及理由向对方公司做出了解释并希望对方公司考虑己方的要求。谈了一个多小时，B公司的代表看A公司的态度很坚定，最终同意了A公司的要求。

可见，A公司之所以敢于提出如此低的价格是因为分析了这次谈判的利弊，抓住了B公司急于成交的契机。A公司在确定了对己方有利的条件后，开始想办法说服对方，让对方在最后答应了己方的要求。

保持头脑清醒，分清利害

在谈判时，不管遇到任何突发状况都要保持头脑清醒，厘清利害关系。只有这样，你才不会因为一时冲动或是紧张而做出错误的决定，损失己方的利益。

在谈判中，要深入地分析哪些是对己方有利的，哪些是对己方不利的，从而获得更多的利益。

A公司与B公司同时派出谈判人员就项目合作问题展开谈判。谁知谈判当天，A公司的谈判人员未能准时抵达谈判地点。谈判开场后，B公司谈判人员严词指出对方不应该迟到，而A公司的谈判人员自知理亏，只能不停道歉，这也使得A公司一直处于被动地位。

B公司谈判人员趁机压低商品价格，令A公司的谈判人员有些不满。A公司的一位谈判人员严肃道："就今天迟到之事，我们深表歉意，但就价格之事，我们不能再降了，目前给出的价格已经是我们的最低价了。"见对方态度坚决，B公司的谈判人员不再纠缠，最终还是按照之前的定价达成了合作。

试想，如果A公司的谈判人员为了暂时平息事态就做出价格上的让步，而违背了己方的谈判初衷，会导致己方利益严重受损。这告诉我们，谈判时全程都要保持清醒的头脑，厘清利害关系，如此才不会被对方牵着鼻子走。

没收机会，制造危机

在谈判过程中，如果双方因为某个问题而僵持不下，为了推进谈判进程，可以没收之前提供给对方的有利条件，给其制造危机感。一旦对方有了危机感，就会变得积极主动，会为了改变当前的状况而做出一定的调整或让步。

生于忧患，死于安乐。

——（战国）孟子

有时没收机会反而能更快促成谈判

在谈判过程中，有时可以适时没收于对方有利的机会，比如不再为对方提供某方面的服务，取消之前的价格优惠等，向对方施加压力，从而掌控谈判主动权。

当然，没收机会并不是真的完全没收，或者放弃与对方合作，这其实是一种策略，为的就是制造危机，打乱对方阵脚，以取得谈判胜利。

某食品厂厂长就相关事宜与合作超市进行谈判。厂长表示，己方一直都以很低的价格将产品批发给超市，如今双方合作多年，产品销量一直不错，他希望能适当提高产品的批发价。超市方却顾左右而言他，一直回避这个问题，只强调要订购厂里的新产品。

适时没收对方的机会

最后，厂长皱眉道："为了表达和你们合作的诚意，每次物流费用都由我们负责，如果这次涨价的事谈不拢，我看物流费用和其他优惠政策我们也要重新谈一谈了。"

厂长的施压使得谈判局势骤然改变，为了能继续享受厂家之前给出的优惠政策，超市方同意了抬高产品批发价的要求。

没收机会要找对时机，找准对象

虽然没收机会是一种很好的谈判策略，但在采取这种策略之前，你需要确保谈判的时机和对象是适合的。没收机会最好在谈判之初和中间使用，这样才能发挥出制造危机的作用。如果谈判已经接近尾声，一切基本成定局，那么就不要再想用没收机会这个策略了，这样会显得你特别善变，不值得信任。

另外，没收机会要看谈判的对象是否合适。如果对方的实力非常强大，根本不会在意失去你这样一个合作伙伴，那么你就不要冒险去没收对方的机会，因为这样很可能"搬起石头砸自己的脚"，不但没能给自己制造机会，反而可能因此而失去一次谈判机会。此外，如果你没有充分的理由没收对方的机会，那么千万不要轻易尝试，因为这样会让对方觉得你没有诚意，进而不想与你建立合作关系。

CHAPTER 5

第五章

善用心理战术，占据谈判优势

谈判不仅要懂得谈判技巧和策略，还要懂得心理战术，因为有时候谈判考验的是双方的心理素质，善用心理战术的那一方，自然能够占据谈判优势，获得谈判胜利。所以，在掌握了谈判技巧和策略的同时，要懂得并善于运用心理战术，从而为自己的谈判增加筹码，助力谈判成功。

呈现友好姿态，拉近彼此之间的心理距离

谈判时，你的友好姿态不仅会拉近你与对手的心理距离，而且能有效避免一些矛盾的发生。因为良好的态度、温和的语言能有效消除对方的戒备心理，这对谈判来讲是非常重要且有利的。

和蔼可亲的态度是永远的介绍信。

——［英］弗兰西斯·培根

用温和的语言陈述自己的观点

有时候，温和的语言比严厉的表达更加有力，更容易突破人的心理防线，直击人心。所以，在谈判中，与其言语犀利、态度强硬，不如温和一些，用和善的语言来阐述自己的观点，表达自己的善意。这样不仅可以缓解紧张的谈判氛围，还能拉近彼此之间的关系，为谈判的顺利进行打下基础。

小郭刚入职没多久就被领导指派去和另一家公司进行谈判。为了不辜负领导对自己的期望，小郭事先查阅了大量资料，并且积极向其他同事请教，做足准备工作后，他基本了解了谈判的流程。然而，在谈判当天，小郭一进办公室就感受到了对方强大的气场，觉得单靠自己似乎很难取得谈判成功。经过几秒钟的调整，小郭的心情平复下来。为了让对方看到自己的友好姿态，小郭尽可能用温和的语言来陈述观点。小郭一边微笑一边有条理地讲着本公司追求的目标，并且表达出很期待与对方公司建立良好的合作关系。对方看到小郭的温和态度，也变得越来越平和。最终双方非常愉快地完成了谈判。

小郭在谈判中也采用了刻意迎合对方的心理战术，运用温和的语言来陈述自己的观点。最终，在小郭的努力下，对方并没有因为其经验不够而轻视他，反而变得和他一样友善，促成了合作。

用耐心打动对方

谈判时，为了能让对方理解某些条款，必须做出一些解释。而解释的态度，将会直接影响谈判的结果。

如果在谈判中能够做到耐心详细、不厌其烦，定然会给对方留下认真、友好的印象，继而愿意与你深入谈判。但反过来，如果在解释的过程中你敷衍了事，自然也会给对方留下不负责任、缺乏耐心的不良印象，而这自然也会影响谈判的有效进行。

因此，在谈判过程中，你是否有足够的耐心，决定了对方是否愿意与你建立良好的关系，也决定了双方谈判能否顺利进行下去。

礼貌问候，亲切称呼

礼貌的问候和亲切的称呼是一种基本的交际礼仪，也是彰显品质、打动人心的手段。

礼貌的问候和亲切的称呼看似简单，实则大有深意。这样做一方面体现着对人的尊重，能够给人留下良好的印象；另一方面能迅速拉近谈判双方的关系，消除谈判中的尴尬气氛，使谈判在轻松的氛围中开展。

小善被公司领导派去与另一家公司就相关合作事宜进行谈判。公司很重视与这家公司的合作，于是小善也非常重视这次谈判。

小善一见到对方公司派来的谈判代表就立即上前笑脸相迎，主动握手，并且亲切地问候道：“您好，××× 先生。我是 ×××，很高兴与您见面。”说完，小善热心地引领对方来到提前订好的座位前，并且请服务人员送来了咖啡。小善很清楚两家公司之间实力悬殊，为了拉近与对方的心理距离，必须展现出亲切友好的姿态。在整个谈判过程中，小善除了详细介绍了自己公司的情况，表明了自己的想法外，还特别注重自己的言谈举止。

小善的言行为之后的顺利谈判奠定了良好的基础，对方也放下了傲慢的姿态，变得亲切友好起来。

不吝啬赞美之词，适当赞美对方

在谈判中，任何一方都不希望受到对方的质疑，而是喜欢被肯定。因此，在谈判过程中，千万别吝啬自己对对方的赞美之词，适当的赞美很可能会帮你占据谈判的主导地位。

赞扬是一种精明、隐秘和巧妙的奉承，它从不同的方面满足给予赞扬和得到赞扬的人们。

——［法］拉罗什富科

有理由的赞美才可信

在谈判中，赞美不应该是与事实不符的、夸张的、片面的、抽象的，否则很可能会让对方觉得尴尬，认为你不够真诚，甚至认为你是在暗中嘲讽他。为了避免造成误解，如果你想赞美对方，那就要真诚具体地说出来。有事实根据的赞美才会让对方觉得你是在真心地称赞他，进而会更加关注你。

比如，如果是第一次见对方的谈判者，你很想称赞她的胸针好看，可以这样说："×××女士，您今天穿的毛衣和您的胸针相得益彰，让您看起来特别优雅。"刚开始谈判时，你可以这样称赞对方："×××先生，您的想法很有创意，让我受益匪浅。"这些赞美的言辞会让对方觉得被重视，进而愿意与你谈判。

总之，在谈判过程中，有理有据的称赞才更能打动人心，也才能帮助你占据谈判的优势。

控制好赞美的次数

赞美固然重要，但也要控制好次数。一方面谈判时间有限，不能只顾说些夸赞之词而忘了谈判重点；另一方面一味赞美会让对方感觉敷衍、没诚意，所以赞美的次数要控制得当，让每次赞美都恰到好处。

小艾经过半年的努力终于争取到了与一家大型企业进行合作谈判的机会。为了拉近与该企业谈判人员的距离，小艾一见到谈判人员就开始称赞对方是“俊男靓女。”谈判过程中，只要有开口讲话的机会，小艾都会先称赞对方一番：“思维敏捷、学识渊博。”眼看着谈判接近尾声，小艾不忘连连赞美对方“果断、干练，有眼光。”小艾以为，只要对方听到自己的赞美就一定会感到很开心，从而愿意与自己合作。没想到即使不停地赞美对方也没有换来想要的结果，小艾的此次谈判以失败告终。

可见，赞美要适度，否则会让对方觉得很虚伪，进而想要远离。

聪明的谈判者不会吝啬赞美之词，但也绝不会一味地、漫无目的地赞美，适时、恰当的赞美才更能打动人心。

找准赞美时机，让赞美发挥出最大的效应

赞美对方时，找准时机极为重要。时机对了，对方听到你的赞美才会心花怒放，赞美也因此会发挥出最大的效应。

比如，你可以在对方自谦时表示反对，提出赞美，让其觉得你很在意他；你可以在对方犹豫不决、不太自信时称赞一番，鼓励其下定决心去做某件事，这样对方会认为你和他处于同一战线；你还可以在对方做出了一个艰难的决定后称赞一番，让他觉得自己的决定是正确的；等等。

相反，如果你在不合适的时候夸赞了对方，反而可能会引起对方的反感，甚至会让对方觉得你严重扰乱了他的思绪，进而想要草草结束谈判。

赞美要因人而异

赞美不仅要找准时机，还要因人而异。如果对方是年长的或经验丰富的人，那么可以称赞对方曾经创下的辉煌业绩；如果对方是年轻的或经验较少的人，那么可以称赞对方头脑灵活、敢想敢干；如果对方是领导干部，那么可以称赞对方工作兢兢业业、家庭幸福和睦；如果对方的学识很高，那么可以称赞对方温文尔雅、才华横溢、志向远大。

因人而异的称赞会让对方觉得你的称赞非常用心，进而拉近对方与你的心理距离，这对谈判而言是非常有帮助的。

幽默的话语人人都爱听

谈判时一定要从头至尾都要保持严肃吗？当然不是。面对初次见面的谈判对象，简单的寒暄可以营造和谐的气氛，而适当的幽默则能让双方关系更加轻松融洽。

幽默是具有智慧、教育和道德优越感的表现。

——［德］恩格斯

用幽默指出对方的问题

在谈判中，幽默绝对是一种极为有效且堪称艺术的心理战术。在谈判中，谈判双方难免会出现观点相冲突的情况。如果直接指出对方的不合理之处，必然会引起尴尬，影响谈判的进行。此时不妨采用幽默的方式来指出对方的问题。这样不仅能保全对方的颜面，还能化解问题，让谈判愉快地进行下去。

郭某代表公司正在和另一家公司的赵某就接下来的合作问题进行谈判。两人在之前的会面中一直谈得都很不错，也都非常期待合作。但是在说到价格时，赵某提出了一个令郭某无法接受的价格。可是，想到赵某公司的产品确实是自己想要的，但又不好意思直接指出其价格太高，所以郭某笑着说："好吧，我同意您提出的价格。如果我公司老总不批准这个价格，我愿意用自己的工资来补差价。但是，以我目前的收入来看，这个差价只能分期支付了。"赵某听到郭某的话后意识到己方提出的价格确实太高，要想促成合作就要重新给出一个更低的价格。最终，两人商定了一个双方都认可的价格。

面对赵某提出的价格，郭某没有直接指出其不能接受，而是用开玩笑的方式指出了赵某的价格太高。既不损伤对方的面子，又成功达成了合作，实在是聪明之举。

用幽默化解尴尬的气氛

在谈判之初或当谈判陷入僵局时，谈判场所总是弥漫着尴尬的气氛。此时，不妨用幽默来化解尴尬。

比如，谈判双方初次会面时难免会有些尴尬，此时只要适时说上一句幽默的话，尴尬的气氛就会很快消散。再如，与谈判对手刚会面时有些紧张，你可以这样说："知道要与您见面，我激动得一宿都没睡。"只要你注意语气、神态，把握幽默的精髓，适时说上几句俏皮话便能冲淡严肃的谈判氛围，缓解自己的紧张情绪，说不定还能让对方对你产生好感，那么接下来的谈判自然会顺利许多。

谈判过程中，双方可能会因为意见不合产生激烈的争执，从而陷入尴尬的境地。为了摆脱尴尬的气氛，让谈判继续下去，此时也不妨用幽默来化解尴尬："咱们现在就像拔河比赛一样，一直这样下去，咱们可能会并列第一呢！"此话一出，很有可能会引发对方的共鸣，从而打破尴尬的局面，使谈判向着好的方向发展。

总之，幽默的心理战术不仅可以化解尴尬，还可以拉近彼此的距离，获得对方的信任，进而顺利地推进谈判。

幽默也要找对时机和对象

幽默是一种高情商的谈判战术，可以瞬间让谈判的气氛变得和谐，但是千万不要随意使用，而要找准时机和对象，否则可能适得其反。

如果对方是一个严肃且较真的人，那么谈判时最好不要试图跟他开玩笑；如果对方比较高冷，那么要慎重开玩笑；如果对方正在低头思考问题，那么千万不要尝试用幽默话语打断其思绪；如果对方表现得有些沮丧，那么在不清楚原因的情况下不要随意打趣；如果对方情绪比较激动，那么最好不要毫无顾忌地去调侃对方。

总之，在运用幽默这种谈话技巧之前，要找准时机和对象。否则，你的玩笑不但解决不了当前的问题，还可能激怒对方，让谈判陷入僵局，甚至让对方直接放弃谈判。

一位年轻的助理陪同老总与另一家企业的蔡总进行谈判。因为谈判时间较长，蔡总可能是因为没吃早饭，肚子突然咕噜咕噜地叫了起来。这时，助理觉得自己可以趁机活跃一下气氛，于是说道："看来蔡总很认同我们提出的观点，您不说，肚子都帮您说了。"原本以为一句幽默的话语能让蔡总以及在座的各位变得放松，可没想到，助理话音刚落气氛反而变得奇怪了。因为熟悉蔡总的人都知道，他平日里一直都非常严肃，对待工作更是有一说一，从不开玩笑。显然，年轻助理的一句话已经引起了蔡总的不满，谈判也因此陷入僵局，迟迟没有进展。

这位年轻助理本是想用幽默的方式打趣一下蔡总，活跃一下谈判气氛，谁料反倒激怒了蔡总，让蔡总觉得丢了颜面。可见，这位年轻助理找错了开玩笑的时机和对象。

尊重对方，让对方有被重视的感觉

任何一段关系的维系都离不开尊重。在谈判中，如果想让对方认真倾听自己的观点，接纳自己的意见，那么就要懂得尊重对方。只有对方感受到了被尊重、被重视，对方才会尊重你和重视你。

尊重别人，才能让人尊敬。

——［法］笛卡尔

热情接待，周到服务

谈判时，热情的接待、周到的服务，是表达尊重的一种很好的方式。当对方来到己方这里谈判时，对一切都很陌生，多少有些拘谨。此时己方热情的接待和周到的服务会让对方更舒适，进而也觉得自己得到了尊重。而这对接下来的谈判是有很大帮助的。

某企业将要与另一家大型企业洽谈合作项目。谈判日的前两天，这家作为东道主的企业就开始为迎接几位合作伙伴做准备，如打扫办公区域，整理会议室，准备饮品等。

热情地迎接合作伙伴

谈判当天，该企业负责谈判的几位同事特意提前几分钟到一楼大厅迎接远道而来的谈判者。他们面带笑容，热情地和对方打招呼、握手，随后带领他们来到事先定好的谈判地点。一到那儿，摆放整齐的桌椅、谈判桌上精心搭配的鲜花绿植以及桌旁摆放的各种饮品，给前来谈判的人员留下了极为深刻的印象。

该企业负责谈判的几位同事将对方企业的谈判人员安顿好之后并没有直接开启谈判，而是先寒暄了一番。谈判过程中，该企业负责谈判的同事会时不时地询问对方是否需要帮助。最终，双方非常顺利地达成了合作。

可以说，该企业能顺利地完成谈判，与其充分尊重对方有很大的关系。

关注对方的言行，适时给予帮助

关注对方的一言一行，并且能在必要时给予对方一定的帮助，也是体现尊重的一种方式。在谈判中，如果发现对方遭遇难处或是遇到麻烦，你应该主动给予帮助。你的雪中送炭很可能会感动对方，进而使之愿意与你有更深层次的沟通。

小刘在与客户握手时发现客户的手冰凉，于是赶忙将会议室的空调温度调到了最高，并为客户倒了一杯热水。因为要聊的事情很多，估计要三四个小时，所以小刘事先询问客户是否需要去趟洗手间。待两人一切准备就绪后开始了今天的谈判。大概在 11 点钟，有同事突然敲门送上了一份小甜点和咖啡。小刘笑着对客户说：“我担心时间太长，您会饿肚子，事先让同事帮忙准备了一些吃的和喝的。”结果，这次谈判非常成功，小刘不仅得到了客户的认可，还受到了领导的赏识。

在谈判中，如果能表达出对客户的尊重，仔细观察对方的言行，在对方需要的时候给予一定的帮助，对方就会觉得很暖心，进而愿意与你合作。

尊重对方的立场

充分尊重对方，就要尊重对方的立场。虽然谈判双方都想为己方争取最大的利益，但谈判并不是为了压制对方，而是达成“双赢”，所以要对对方的立场给予充分的尊重。比如，对方暂时做不了某些决定，需要回到公司跟上级商定后才能给出答复，那么就不要强求，多给对方一些时间，耐心等待答复；或者己方的提议遭到了对方的拒绝，也不要对此恼怒，要尊重对方的立场。

当对方感觉自己被尊重时，陷入僵局的谈判或许会迎来柳暗花明的一刻。

洞察对方的表情，发现隐藏的微妙心理

一个人的表情往往能反映其心理。作为一位合格的谈判者，如果想通过心理战术去获得谈判的优势，那就要注意观察对方的表情变化，进而揣测其心理变化。只有看清了对方在想什么，才能更好地与其交谈，也才有更大的机会促成合作。

很多世纪以来，以面部表情这种语言培养出来的成功，比从嘴里讲出来的更复杂的语言要多千百倍。

——［法］罗曼·罗兰

微表情，即通过一些表情来表达内心的感受。虽然微表情只是一些下意识的表情，持续的时间很短，但其往往能反映人内心的情绪变化。

如果对方的面部肌肉非常放松，分布平稳均匀，没有很大的变化，保持面部表情的时间很长，说明其此刻的心情很平静；如果对方的嘴角上扬，面颊上抬起皱，眼睑收缩，那么说明其此刻是发自内心的快乐；如果对方听到你的陈述后，眼睛突然睁得很大，瞳孔放大，上眼皮和眉毛上扬，嘴巴张大，说明其此刻很惊讶；如果对方说话时双唇总是抿一下，说明其对自己的话没有太大把握；如果对方的视线一直停在你脸上，或者频繁与你对视，说明对方对谈判的内容很感兴趣；如果对方的视线不定，左右转移，说明对方对你所谈论的内容不感兴趣，甚至为此有些焦躁。

总之，在谈判中，通过观察对方的微表情往往能捕捉到各种各样的信息。如果能根据对方的微表情准确判断出其心理，那么对掌控接下来的谈判十分重要。

周某和一位同事前往一家上市公司进行谈判。在周某和同事向对方介绍产品的相关信息时，对方始终表现得非常平静。但在介绍产品的价格时，虽然对方没有提出反对的意见，却微微睁大了双眼，眉毛上扬，嘴巴微张。通过对方的这些表情，周某心里基本确定对方不能接受这样的价格。为了能取得谈判成功，达成这次合作，周某随即补充道："如果贵公司愿意与我们合作，我们可以跟领导请示，多为贵公司申请一些优惠。"听到这里，对方的表情开始发生变化，嘴角微微上扬。经过周某的努力争取，终于给出了一个令对方比较满意的价格，两家公司最终也谈成了合作。

周某通过观察对方的表情发现了其对己方所提出的价格的真实态度，进而做出调整，最终使得谈判成功。如果周某在谈判过程中不关注对方的表情，不去认真分析对方表情背后的心理状态，那么也就无法及时地了解对方的需求，谈判也就有可能失败。

留意对方的肢体语言，捕捉隐含的重要信息

一个人的肢体动作往往可以传递出许多信息。因此，在谈判时，多留意对方的肢体语言，你就有可能捕捉到隐藏的重要信息，从而掌握谈判的主动权。

没有一个凡夫能守秘密。

——［奥地利］弗洛伊德

不同身体动作的含义

肢体语言也叫身体语言，即用身体各部位的协调活动来传递一些思想。在谈判中，你要学会根据对方的身体动作，猜出其此刻的心理。

双手交叉抱在胸前，说明其内心可能有些害羞、紧张、怀疑、害怕，想要保护自己。

两手叉腰，意味着对方此刻内心很不服气或者想要挑战。通常，一些不达目的誓不罢休的谈判对手会做出这样的动作。

十指交叉，说明对方此时非常自信。

拳头紧握，说明这个人非常果断，体现了一种气魄和胆识。

当与对方讲话时，对方若时不时地身体前倾，说明其想肯定你、赞同你或者对你有兴趣；若其时不时地后仰，说明其内心是否定你的。

说谎的人在讲话时可能会经常摸自己的鼻子，也可能会用手指或拳头遮住自己的嘴巴，还可能会假装咳嗽。

如果对方在你讲话时时不时地拉拉自己的耳垂，说明他当前不想再听你说了，准备打断你的讲话表达自己的想法。

如果对方突然拍打自己的头部，说明他有些懊恼和自责。

如果对方在听己方讲话时不停地摆弄身上的饰物，说明他是一个比较内向的人，不会多说话，更不会表露自己更多的感情。

如果对方在别人讲话时不停地抖腿或用脚尖拍打地板，说明他是一个比较自我的人，不太会考虑别人的感受。另外，他可能是一个对事情有独到见解的人，喜欢思考与讨论。

在其他人讲话时，如果一个人经常用鼻子吹气，说明这个人此刻遇到了麻烦，但又不好意思开口。

通过对方的肢体语言了解其心理

在谈判中，我们要留意对方的一举一动，并从对方的肢体语言中获取其心理信息。一旦了解了对方的内在想法，那么在接下来的谈判中将会占据谈判优势。

张明代表本公司与一家公司的年轻员工进行谈判。张明发现，虽然对方坐得笔直，似乎很镇定，但对方在讲话时频繁眨眼、舔嘴唇，身体也总是偏向无人的方向。张明意识到了对方隐藏的紧张情绪。为了令谈判顺利进行，张明一直面带微笑，耐心倾听对方的阐述，并在恰当的时候幽默地缓解气氛。慢慢地，年轻的谈判者摆脱了紧张情绪，身体状态和面目表情都变得更为放松。在接下来的谈判中，张明和对方的交谈也变得很轻松、自在，最终两人都达到了自己的目的。

张明凭借敏锐的观察力，细致地观察到对方的肢体语言并推断出其当时的紧张情绪，进而及时采取相应的措施，最终让谈判得以顺利进行。

无论谈判状况如何，请保持微笑

谈判中无论状况如何，都应保持微笑，因为微笑能展示善意，能够掩盖紧张，能化解谈判中的许多尴尬瞬间，甚至能打破僵局。它虽然无声，却极具力量。

人类确有一件有效武器，那就是笑。

——［美］马克·吐温

用微笑展示善意、打破僵局

和谐的谈判气氛对于谈判双方来说都是非常重要的。而要想让谈判气氛和谐，那就要保持微笑，让对方感受到你的善意，让谈判顺利地进行下去。

小汪代表企业与另一家企业谈合作的事情，可是没谈多久，对方就因意见不合开始有些恼火。如果任由事情发展下去，那么谈判就会陷入僵局。小汪见状立即起身去接了一杯水。他微笑着将这杯水递到对方面前，温和地说："您的心情我能理解，您的立场我也会尊重，但这的确是我们的底线，也是我们的诚意了。"小汪耐心地向对方说明己方的情况，微笑始终挂在他的脸上，这让对方看到了小汪的和善与诚意。终于，在小汪的努力下，谈判僵局被打破，双方各做出让步，达成了合作。

谈判中保持微笑

用微笑缓解紧张

在谈判桌上，难免会因为对方气场强大，己方实力欠佳而感到紧张。想要缓解紧张情绪，不妨试试保持微笑。微笑能隐藏我们的紧张情绪，让我们看起来自信、大方，不致被对方的气势所压倒。

初次参与谈判的林平十分紧张。当看到对方的谈判团队进入谈判场所时，他开始心跳加速、手足无措。为了缓解自己的紧张情绪，他深吸了一口气，脸上随即荡开笑容，礼貌地和对方打起招呼。

谈判过程中，当需要林平表达自己公司的立场和主张时，林平再次感到紧张。此时，林平依然保持微笑，不让对方看出自己的紧张情绪，逐渐进入角色，侃侃而谈。而林平自始至终的微笑也换来了对方的好感，为接下来的谈判奠定了良好的基础。

可见，微笑在谈判中不仅表示礼貌和尊重，在关键的时候还能发挥不可替代的作用。

微笑要真诚

谈判中，保持微笑很有必要，但前提是，我们的微笑要发自真心的、要真诚。真诚的微笑一定是世界上最美的笑容，也是最有感染力的笑容。在谈判中，只有保持真诚的微笑才能打动人心，也才能营造和谐的氛围。在对手看来，真诚的微笑就是真实情感的自然流露。它要比开怀大笑柔和许多，比哑然失笑温暖许多。真诚的微笑绝对不是对对手的阿谀奉承，也不是对自己的勉强，更不是掩饰。真诚的微笑蕴含着对对方的理解、赞许或感谢。

真诚的微笑与职业式的微笑在面部表情上最大的区别是：真诚微笑的人的眼角会出现皱纹，即出现鱼尾纹；职业式微笑的人的眼睛只是微微眯起，眼周却没有明显的肌肉收缩。

CHAPTER 6

第六章

谈判中必须知道的那些事儿

谈判远没有想象中的简单，不仅要掌握谈判技巧，熟知谈判心理，熟练运用各种谈判策略，还要知道谈判中必须知道的一些事儿。比如谈判中要懂得倾听，谈判需要团队的努力与合作，谈判时要懂得适时让步等。只有对谈判有比较全面的认识，才能更好地进行谈判，也才能取得谈判的成功。

谈判不是逼得对方无路可退

谈判不是简单的比赛，不能以一时的输赢来判定最终的结果，而要看长远的利益。在谈判中，最好能够为对方留有余地，不要将对方逼得无路可退，因为这样做或许会让谈判陷入僵局，不利于谈判的顺利进行，也不利于双方关系的长远发展。有时候，给他人留退路，也是给自己留退路。

自出洞来无敌手，得饶人处且饶人。

——（宋）蔡州道人

《孙子兵法》中有言："围师必阙，穷寇勿迫。"意思是说即使自己率领的军队已经包围了敌人的军队，也要留有缺口；当敌人已经陷入绝境的时候，不要过分地逼迫对方。在大多数人看来，当敌方落败，我方更应该乘胜追击，一鼓作气，取得胜利。但孙子为什么会提出这样的观点呢？

已经陷入绝境的敌人只有两条路可以走，要么投降，要么拼死一搏。而孙子的这一观点，正是针对第二种情况。若是敌军破釜沉舟，与我军决一死战，必然会在绝境中迸发出向死而生的巨大潜力。哪怕我军最终将敌军打败，我军的损失也会比预计大很多。所以，在没有绝对把握的情况下，不要轻易将你的对手逼入绝境，不然对方很可能会绝地反击，逆转局势。

战争中如此，谈判中亦是如此。如果已经在谈判中占据了优势地位，那么在没有绝对把握的情况下，不要试图用过于强势的方法逼迫对方，倘若一定要这样做不可，也要记得留下"缺口"，这也是为谈判双方留下的退路，只要尚有回旋的余地，就不至于使谈判彻底崩盘。如果谈判人员足够聪明，还可以退为进，推动谈判的进程。

如果谈判双方有继续合作的打算，那么在谈判中将对方逼入绝境、使对方无路可退实在算不上是明智之举。谈判人员的强势会使对方团队对己方产生厌恶情绪，甚至导致双方合作的破裂。这种结果有违谈判的初衷，或许也是谈判人员所不能承受的。

谈判是为了解决问题。既然如此，在谈判中过于强势，将对方逼得无路可退，不是一位成熟的谈判人员该有的举动。

睿智的谈判人员会在谈判中为对方留有余地，而给对方留退路何尝不是在给自己留退路。《红楼梦》里有一副对联："身后有余忘缩手，眼前无路想回头。"当你处于优势地位，切忌贪婪过度，不断追加条件，把对方逼得无路可退。一旦对方退出谈判或者绝地反击，再想回头就晚了。

在谈判中，采用强势的语言或提问方式能够使对方感到压力，使己方在气势上胜于对方，但这样的方法不是每场谈判都适用的。一旦强硬过头，反而会让对方产生逆反心理。如果对方决定玉石俱焚，同己方抗争到底，势必会使谈判陷入胶着状态，不但谈判难以为继，或许己方利益也会跟着受损。即便之后找到挽回局面的方法，己方在谈判桌上的优势地位也会受到影响，不利于下一步计划的展开。

谈判与利益固然不可分割，但如果为了争夺利益而将条件制定得过于苛刻，一点儿退路都不给对方留，很可能导致谈判的崩盘。比如，在进行报价的时候，如果一方为了拿到最低价位强势施压，另一方为了维护自己的利益也不肯妥协，谈判陷入僵局，双方只能不欢而散。在谈判中，这样的情况并不少见。既然双方选择用谈判解决问题，说明双方都希望找到一个合理的解决方案。那么这个方案一定是让双方都能接受的。因此，制订方案时，不能要求过高，不能一味满足己方需求，也要给对方留退路，这样谈判才能顺利进行。

别急着反驳，先耐心倾听

优秀的谈判人员必然是善于倾听的人。谈判是以语言沟通为前提的，而倾听则是沟通的前提。由此可见，倾听对于谈判而言至关重要。只有学会倾听，才可能在谈判中捕捉到有效信息，为己方谈判争取有利条件。因此，在谈判过程中不要急着反驳，首先要学会耐心倾听。

耳朵是通向心灵的路。

——［法］伏尔泰

尊重别人就是尊重自己

倾听是一件看起来很简单的事情，然而生活中依然有很多人不懂倾听之道。比方说，如果你听到的内容是你早就知道的，那你可能会不耐烦；如果是你不认同的，那你可能会出言打断讲述者的话；如果这些内容过于无聊或者晦涩难懂，你可能就会直接放弃，或者应付了事。这样看来，想要做一个合格的倾听者也不是一件容易的事。

在谈判桌上，我们要最大程度地展现出对对方的尊重，不随意打断、反驳对方的话。无论对方所讲的内容是什么，哪怕对方提出了苛刻的条件，或者是与己方期望大相径庭的内容，也要等对方讲完再做陈述。你若在对方说话的时候摆出一副不耐烦的样子，或者随意打断别人的发言，只会给对方留下令人厌烦的坏印象。

谈判中耐心倾听很重要

尊重是相互的，当你给予他人尊重，他人也会尊重你。如果你在他人发言时随意打断对方，或者直接反驳他人的观点，那你凭什么要求对方在你讲话的时候认真倾听呢？因此，在谈判过程中，要尊重对方、耐心倾听。

倾听，是谈判人员的必备技能

如果说语言是谈判的桥梁，那倾听就是这座桥的基石。如果不能听懂对方在说什么，又怎么进行沟通呢？由此可见，倾听在谈判中的重要性。

但是，倾听与简单的听到、听清是不同的。听到指生理上听到声音；听清是听清楚对方讲了什么，而倾听则要求认真地听，并且能够听懂对方的话。谈判中的倾听就是能够分辨对方所讲内容的好坏、真假。在这些内容中找到有利于己方的信息。

所谓“兼听则明，偏听则暗”，倾听要做到听得全面。在谈判中，无论对方讲的内容是不是己方愿意听的，己方都应该认真倾听。

做优秀的倾听者，更重要的是能够听出对方话语中的深层含义，或者说是弦外之音。在一些谈判中，对方不会将所有的信息都大张旗鼓地罗列出来，这就需要谈判人员通过对方的发言，发现隐藏在其中的其他信息。这不是一朝一夕可以训练成功的，需要谈判人员本身对语言足够敏感。当对方讲一些含义深刻的话时，他的语音、语调或者动作都会有所不同。如果足够细心，或许就会发现这些不同之处。接下来，就需要分析这些话背后的含义，即对方这样讲的意图。如果实在不明白，也可以就这些话向对方提问，进一步明确对方这样讲的原因。在谈判中存在一知半解的问题而不解决是一件非常糟糕的事情，可能会对己方谈判造成不良影响。

在谈判桌上，我们所能依赖的条件有限，只有学会倾听，才可能从有限的条件中找出有价值的信息，为己方所用。由此可见，倾听是一个谈判人员的必备技能。所以，在谈判过程中，不要急着去反驳对方的观点，耐心倾听，说不定会有特别的收获。

如果对方尚未陈述完就急着反驳，不仅会显得己方不懂礼数，还会让对方反感。另外，如果因急于反驳，而错过了重要信息，使双方因此产生误会就得不偿失了。

不要将个人情绪带到谈判中

谈判是双方的交流，不是个人的表演。谈判人员在谈判时应当是冷静的、严肃的，而不应当是随意的、情绪化的。为了避免因谈判人员的个人情绪而对谈判产生不良影响，谈判人员要学会控制自己的情绪，不要把个人情绪带到谈判中。

一个人如果能控制自己的激情、欲望和恐惧，那他就胜过国王。

——［英］约翰·弥尔顿

谈判桌上，谨防“踢猫效应”

情绪无时不在、无处不在。情绪是一种主观的心理活动，也是对客观现实的反映。情绪可以影响我们的生活。如果我们不能控制自己的情绪，任由其发酵或随意宣泄，不仅会影响自己的正常生活，还会给他人造成不良影响。

在心理学上有一个“踢猫效应”。一位父亲受到了领导的责骂，回家把孩子骂了一顿。孩子只能拿猫撒气，踢了猫一脚。被踢疼的猫跑到了街上。此时一辆卡车开了过来，司机紧急避让，却把一个孩子撞伤了。由此可见，人的情绪是会传染的，如果一个人产生了负面情绪而不及时控制，随意发泄，就可能会影响到其他人。被影响到的人再将这种情绪传播下去，就会带来一系列连锁反应。

随意发泄负面情绪的后果可能是既伤害自己又影响他人。想要做一个优秀的谈判人员就应当学会控制自己的情绪，不将个人情绪带到谈判中。

李乐代表公司与最近合作的一家工厂就产品定价问题进行谈判。见到对方派来的谈判人员时，李乐才发现原来竟是与自己闹过矛盾的前同事刘朝。

谈判中，刘朝板着一张脸，冷冰冰地介绍起了己方工厂的情况。只要李乐提出疑问，他就面露讥笑，十分不屑的样子。结果他们整整谈了一下午，中间差点吵起来，却毫无进展。最后，李乐克制着怒气，就曾经的不愉快向刘朝表示了歉意，并表示他们不应该将私人恩怨带到谈判桌上。李乐展现出了他的风度与专业素养，这使刘朝受到了不小的触动。两人最终放下了情绪，就真正需要解决的问题心平气和地洽谈起来。

一个谈判人员的负面情绪被周围的人感知到，可能会带动其他人也陷入这种情绪中，进而影响整个谈判团队。同时，如果一个人带着怒气进行谈判，那么他在谈判的过程中就可能语气强硬或是冲撞他人，以此宣泄自己的怒火。这样的行为势必会引起对方谈判人员的不满，从而对整个谈判造成不良影响。

在进行谈判时，谈判人员应当保持平和的心态，从容应对，同时冷静地分析问题、解决问题。这就要求谈判人员一定不能陷于负面情绪之中，迷失自我，因为一旦谈判人员被情绪所支配，其行为也会大受影响。

自我调节，做情绪的主人

谈判人员要学会自我调节，做情绪的主人。尼采曾说："如果情绪总是处于失控状态，就会被情感牵着鼻子走，丧失自由。"为了不使情绪失控，就要学会调节情绪。当你意识到自己被负面情绪包围的时候，可以试着转移注意力，专注于谈判本身，暂时不去想其他的事情。你也可以做一些让自己开心的事情，比如听一首喜欢的歌，看轻松的视频等，总之要想办法让自己从负面情绪中走出来。如果你在谈判前过于紧张的话，可以试着深呼吸，活动一下身体，或者可以和周围的人聊天来缓解紧张。情绪是可以被感知的，当你意识到自己的负面情绪过多的时候，要想办法调节，不能一直被情绪左右。

情绪控制不是一朝一夕就能做到的。优秀的谈判人员应当在日常生活中就注意调节情绪，尽量不要用过激的言行去发泄情绪。这样即使在谈判开始前遇到让人情绪失控的突发事件也能够自我调控，不让自己迷失在不良情绪中。

自作聪明只会适得其反

在谈判中可以使用一些计谋，也可以偶尔耍耍“小聪明”，只要谈判结果是好的，使用一些“手段”也未尝不可。但谈判时不能自作聪明，这样可能会将己方谈判人员带入歧途，对谈判结果产生不良影响，与预期目标背离，适得其反。

愚者之所以成为愚者，在于固守己见而兴奋莫名。

——［法］蒙田

自作聪明会让自己深陷泥潭

自作聪明的意思是自作主张、自以为是，过分相信主观意识而忽视客观实际。古往今来，关于自作聪明的例子数不胜数，如“掩耳盗铃”“揠苗助长”“南辕北辙”等。这些故事的主人公都有一个共同点，那就是自以为是，不听他人的劝告也不顾实际情况，只按照自己的想法来做，认为这样就可以实现目标，实际却是和目标背道而驰。这样做不仅得不偿失，还会沦为笑柄。谈判讲究谋略，在谈判中可以使用各种技巧，但不能自作聪明。

谈判桌是利益的争夺场。谈判人员谨小慎微、步步为营也可能会掉入对方的陷阱之中。如果自作聪明、自以为是，无异于闭门造车，反而会害了自己。聪明也要适度，不合时宜的小聪明只会让别人觉得你不识时务，不懂变通。在谈判中为了彰显自己的能力、追求自我满足感而要小聪明，很可能会弄巧成拙，让自己难堪。

自作聪明会让团队陷入被动。大部分的谈判都是以团队合作的方式进行的，谈判人员在发言时代表的不仅仅是自己，还有所在的团队。如果一个人在谈判时因自作聪明而犯错，不仅会让自己尴尬，还可能会影响到整个团队。如果对方抓住己方犯错误的时机乘胜追击，就会使己方在谈判中陷入被动局面，甚至直接影响谈判结果，使己方无法实现预期目标。

由此可见，在谈判中自作聪明只会适得其反，不仅影响自己，也可能影响团队，最终导致糟糕的谈判结果出现。

这样做，才能避免自作聪明

那么，谈判人员应该如何避免自作聪明呢？《史记》中有一句话“反听之谓聪，内视之谓明”，意思是能够听取别人的意见，认真思考的人是聪明的；能够自我反省的人是明智的。想要避免自作聪明的情况发生，就要学会虚心听取他人的意见，并常常自省。

自作聪明与聪明就差在“自作”二字上。自作就是过分自我，过分地在意自己的看法、自己的表现而忽视其他。然而，越是在乎自己的表现就越容易出错。所以，要积极听取他人的意见，在准备谈判的时候，和他人交流一下自己的看法，听取一下别人的意见，或许这些意见不一定是正确的，但可以开阔自己的思路，不让自己困于自我的想法而无法自拔。在谈判时也可以和团队其他成员进行交流，避免自己的言论或行为出差错，使对方误会。这样，即使在谈判中不那么出彩，至少不会犯致命的错误，给己方造成损失。

常常自省也是不让自己自作聪明的好办法。自省能够让自己摆脱骄傲自满的心态。当一个人开始反省自己的时候，就会发现自身存在的问题，走出自我的框架，促使自己朝好的方向发展，也就不会再自作聪明地行事了。作为谈判人员，还要能够反省自己的谈判方案，发现其中的问题并及时调整。只有这样，在谈判中才能做到游刃有余，积极应对各种问题。

除了“反听”和“内视”之外，还有一点也很重要，那就是尊重客观事实。只按照自己的想法做事，与客观事实相违背，即使出发点是好的，也只会离目标越来越远。比如“刻舟求剑”的故事。找到剑的想法是好的，行动也很积极，但丢剑的人忽视了船在向前走，而剑留在原地这一客观事实，只在船上画线是永远都找不到剑的。这就告诉我们，在谈判时要脚踏实地、随机应变，根据不同的情况使用不同的方法计策，对症下药才能事半功倍。只按照自己的想法行动而不顾实际情况是不利于谈判进行的。

现实中的谈判不是影视剧里依靠个人的力量就能扭转战局的表演，现实中的谈判往往复杂而严肃，在谈判中自作聪明的卖弄只会适得其反，轻则让自己出丑，被他人耻笑；重则影响谈判结果，使己方与预期目标背道而驰。因此，谈判人员一定不能只按照自己的想法进行谈判，要跳出自我的框架，多方考虑，与团队沟通，灵活应对各种问题，从而取得谈判的成功。

懂得适时让步，结局或许会更好

谈判虽然是利益之争，却并非一定要寸步不让。如果双方都不肯退让，那谈判就很难进行下去了。因此，谈判时需要在适当的时候做出一些让步，但这个让步是有底线、有分寸的，是为了双方的长远发展，在慎重考虑之后做出的决定。

贵退让而黜骄盈，得天道益谦之义。

——（北宋）范仲淹

适时退让，才是破局之道

聪明的谈判家能够在利益纠葛的谈判桌上左右逢源，找到让双方都满意的方案。在双方针锋相对、谈判陷入僵局的时候，一方的主动退让或许正是破局之道。

在一场谈判中，如果双方都想要争取更多的可得利益，不肯相让，再有理的争辩也无济于事，这时候如果谈判人员想要打破僵局，不妨主动退让，为双方寻找折中的解决办法。

清朝官员张英的家人和邻居吴氏因为宅子占地的问题争吵不断，谁都不肯退让。张英听说后主动劝说家人退让了三尺。邻居见到大受感动，也退了三尺。如果当时两家都不相让只会让矛盾扩大，路也可能被堵死，而两家各让三尺反而被传为佳话，才有了今天我们所熟知的“六尺巷”的故事。因此，在谈判时，主动退让或许能够化解矛盾，推动谈判的进程。

老子云：“夫唯不争，故天下莫能与之争。”只知进而不知退会显得过于刚强，反而容易受伤，在适当的时候让步就是“柳暗花明又一村”。范蠡辅佐越王勾践成就霸业，之后功成身退，备受尊敬；商鞅变法使秦国国力强盛，但其手段强硬，不知退让，不得善终。这二人都曾受到重用但结局却不同，因为范蠡退让及时，既保全了自己的名声也不致功高盖主；而商鞅一味向前，损害了太多人的利益，最终也害了自己。在谈判时适时让步，既能保全己方的利益，也不会损害对方的利益，是两全其美的办法。

退让要有分寸，有技巧

适时让步不是怯懦、无底线地退让，也不是委曲求全、一味牺牲自身利益，而是建立在平等、自愿基础之上的决定，是双方协商之后达成的共识，是为了有更好的结果出现而做出的明智之举。

适时让步要有分寸。让步在某种程度上可以看作妥协，因此做出让步这个决定时一定要谨慎，要多方考虑，不然很可能会损害到自身利益，得不偿失。在让步时，要注意让步的幅度不能过大。在第一次提出让步时可以比预计的小一点，这样还有回旋的余地；也要注意让步的次数，一场谈判中最好不要多次让步，这样会让对方觉得己方软弱好欺，从而得寸进尺。在双方僵持不下时可以考虑让步，这样也会显得己方进退有度，显示出己方合作的诚意。

适时让步要以不损害己方利益为前提。如果要以自身利益受损为代价来谋求双方谈判的成功，那这样的谈判也就失去了应有的价值。不能为了谋求合作或者一时的胜利就随意让步，要将眼光放长远一些，思虑周全再做决定。如果让步过大会损害自身利益，那么就绝不应该退让。

适时让步是为了更好的结果，谈判人员要学会看到让步带来的长远利益，不能只计较眼前的得失，有时候，适时让步反而能收获更多。如果谈判方案没有原则上的问题，也没有伤害到己方利益，谈判双方只是在一些小问题上存在分歧，那么己方可以考虑让步，同意对方的观点。这样做可以加快谈判的进程，使双方尽快完成谈判，避免意外发生，影响谈判结果。在谈判时如果对方咄咄逼人，己方可以主动退让，不与其发生冲突。这样做从表面看来是单方面的让步，但实质上是为了维系谈判双方的关系，有助于谈判的顺利进行。

谈判需要的不是胜利，而是成功，一时的或是一方的胜利都不能算是谈判的成功，一次成功的谈判应当是让双方都满意的、互利共赢的。在谈判中适时让步是为了双方更好的发展，是明智的做法。

谈判不是一个人的战斗

想要促成谈判，谈判人员自身的学识、口才固然重要，但不是必不可少的。一支强大的谈判团队要比一位出色的谈判家更为难得。谈判的过程复杂而多变，只靠一个人的力量很难支撑。谈判不是一个人的孤军奋战，而是一群人的团结协作。

积力之所举，则无不胜也；众智之所为，则无不成也。

——（春秋战国）文子

团队分工，各取所长，各司其职

一个专业的谈判团队一定要分工明确，这样，团队中的各个成员才能在各自的岗位上发挥自己的作用，工作才能有条不紊地进行。比如在谈判之前就要决定由谁进行主要的发言，不然等到正式谈判的时候，大家各抒己见，谈判就会陷入混乱。谈判不是辩论，不需要每个人都进行观点陈述，最好是选出一个人和对方进行沟通，其他人可以做辅助。而这些工作都需要在谈判前完成。因此，组建一支谈判团队的第一步就是做好成员的分工，这样大家各司其职，工作效率也会提高。

公司派王俊和赵钧一周后前往另一家公司进行合同谈判。因王俊个性孤傲、不合群，谈判前两人没有进行充分的交流，也没有将各自搜集到的资料进行汇总、分析，只开了几次流于表面的会议，制订了一个很粗糙的谈判计划。

谈判一开始，王俊便侃侃而谈，只顾表现自己，原本不属于自己负责的部分，也全都包揽，结果是说得越多错漏就越多，将自己的不专业和准备中的疏漏暴露得淋漓尽致。赵钧十分着急，多次想对王俊话语中的错误、漏洞进行解释和补充，却都无济于事。听完王俊的发言后，对方提出了一系列尖锐的问题，将王俊问得哑口无言。第一次谈判就此宣告失败。

王俊和赵钧回到公司后，就这次谈判失利做出了深刻的反省。他们发现，正是因为他们不注重团队分工与合作才会导致如此结果。于是，在第二次谈判前，两人进行了深度交流，决定由逻辑思维缜密的赵钧负责方案策划，主抓谈判流程，提炼对方的逻辑漏洞；而口才优秀的王俊则担任谈判前锋的角色，负责主动出击。

第二次谈判过程中，两人配合默契，表现得无懈可击，对方则连连败退，最后无奈同意了他们的要求。

人无完人，每个人都有自己擅长和不擅长的事情。而一个优秀的谈判团队要能够放大每个人的长处，让每个成员都能发挥自己的优势。有领导力的负责指挥、口才好的负责谈判……各取所长，这样才能将团队的优势发挥出来，为谈判的成功提供人才支持。团队中的各位成员也应该相互学习、相互帮助、相互配合、取长补短，为了共同的目标而努力，在使自己变得更好的同时使团队变得更好。

增强团队沟通，共同进步

既然是团队作战，沟通是必不可少的一部分。谈判的过程不是割裂分离的，谈判的每一步都是环环相扣的。谈判中的准备材料是为谈判做支撑的，谈判后的总结是以谈判结果为前提的，因此谈判团队中的每一位成员都不能置身事外，只管自己的部分，要多和他人沟通，这样才能及时调整自己的工作内容，与团体保持一致。

不与他人沟通，闭门造车，很可能使自己的想法偏离航道，长久以来的付出也变成了竹篮打水。众人拾柴火焰高，前提是所有人的柴火拾到同一个地方。团队成员之间的沟通协作是谈判过程中不可或缺的重要因素，也是谈判顺利进行的有力保障。

团队合作是成功谈判的基石

树立大局观念，团结一致

独木难支，孤掌难鸣，纵使一个人的力量再强大也有穷尽的时候，一个人的想法再周到也有疏漏的地方，一个人的才华再出众也有不及他人的方面。或许谈判时只需要一个人，但完成谈判工作却是团队的共同努力。谈判是复杂的，谈判包括了前期的准备、谈判进行时对方案的调整以及后期和对方的沟通、对谈判的总结等多方面的内容，仅仅依靠个人是很难圆满完成的。谈判不是一个人的战斗，完成谈判需要团队之间的协作。

能够组成一支团队说明了各位成员的利益是一致的，大家都是为了谈判的成功而努力。因此，各位成员应树立一个共同目标，这个目标就是大家努力的方向。团队要为每一位成员提供发展空间，各位成员也应该遵守团队的规则，树立集体观念。在谈判进行时，个人应遵从团队的安排，处理好属于自己的工作，为谈判的成功添砖加瓦。如果团队成员自我意识过强，在谈判中更注重自我能力的展示，就可能会影响谈判结果。比如，谈判人员更注重自己才能的展示而不按照原有的谈判方案进行谈判，一旦掉入对方的陷阱而己方又毫无准备，必然造成谈判的失误。因此，团队中的每一位成员都要有大局观念，听从团队的安排，做好本职工作，为了谈判的胜利共同努力。

综上所述，谈判不是一个人的战斗，团队协作才是保障谈判顺利进行的必要条件。一个成熟的谈判团队既能够发挥每个成员的优势，又能够使成员之间精诚合作，实现一加一大于二的效果，为谈判的成功保驾护航。

谈判中处处存在陷阱，要及时躲开

谈判中存在陷阱可以说是谈判双方心知肚明的事情，在谈判中设置陷阱也是谈判双方心照不宣的事情。己方不能阻止对方设置陷阱的行为，那就只能提高警惕，及时躲开陷阱。因为一旦落入陷阱中，势必会让己方利益受损。

长堤溃蚁穴，君子慎其微。

——（清）王懋竑

无论谈判的目标是什么，谈判的目的始终是维护自身的利益、获得更多的权益。利益就像鱼饵，吸引人们前赴后继地往前冲，而鱼饵的背后却是鱼钩，一旦被钩住，可能损失惨重。所以，在谈判时一定要谨慎小心，一旦掉入对方陷阱可能连抽身而出的机会都没有了，只能在谈判结束之后暗自叹息。

谈判前做好准备，知己知彼。陷阱不是随意设置的，谈判时设置陷阱的目的是获得更多的好处，因此己方在制订谈判方案时最好能够转换角色，从对方的角度看问题，这样就能更清楚对方的意图。知己知彼，即使做不到百战百胜也能提高警惕，在对方可能设置陷阱的地方更加谨慎，让自己及时躲开。另外，也可以在谈判开始前做一些调查，加深对对方的了解，或许就可以知道对方经常使用的谈判方法有哪些。在谈判开始前做好准备，有备无患，是及时躲开陷阱的有利条件。

谈判时要谨小慎微，切忌盲目自信。即使在谈判中占据优势，谈判人员也不能觉得自己稳操胜券、沾沾自喜，有可能对方正是利用这一点而故意示弱，让己方放松警惕，在谈判中设置陷阱，欲擒故纵，就等着己方自投罗网。面对对方提出的条件，己方谈判人员要慎重考虑，最好是听取多方意见，与团队成员协商之后再做决定。如果谈判人员骄傲自满就很容易轻敌，反而会中了对方的圈套，损伤己方利益。因此，谈判人员在进行谈判时一定不能轻敌，要慎重考虑，一旦谈判涉及双方的利益纠葛，再怎么谨慎都不为过。

谈判时要思虑周全，不能仓促决定。谈判中可能涉及了多方利益，错综复杂。这时谈判人员一定要多方考虑，不能只顾眼前，更要看到长远利益，看到眼前所得的背后可能存在的损失。如果对方借机施压，逼迫己方做决定，己方也不能自乱阵脚，仓促决定。在高压的状态下，人的思维也可能会混乱，急于求成或是急于摆脱眼前的困境可能会使己方忽略谈判中的诸多细节，掉进对方的陷阱。因此，无论发生什么，谈判人员都要保持稳定的心态，有条不紊地处理问题，这样才不会让对方有机可乘。如果真的存在陷阱，己方也能及时发现，规避风险，而己方谈判节奏的稳定也会给对方造成压力，迫使对方做出妥协。

谈判时要学会见招拆招，灵活应对。谈判是以人为中心展开的活动，而人是感情动物。也就是说，对方不可能全程面无表情、波澜不惊地进行谈判，在面对一些问题或者想要采取一些行动时表情或动作会有变化。因此，己方谈判人员要学会察言观色，从对方的言语和行为中推断其意图，比如对方对谈判方案不满就可能会皱眉或者摇头。己方可以根据对方的一些语言或行为及时调整自己的方案，一成不变反而容易掉进对方的陷阱中。充分发挥主观能动性，见招拆招，灵活应对是及时躲开陷阱的有效方法。

在谈判时设置陷阱是谈判双方都可能会做的事情，就像军事家在打仗时会使用一些兵法、谋略，无可避免。因此，谈判人员应该提高警惕，小心谨慎地进行谈判，同时要多角度看问题、全方位思考，沉着冷静地进行谈判，这样可以及时发现并躲开陷阱。

谈判不是尔虞我诈，而是诚信共赢

提到谈判，人们往往更重视谈判策略、谈判技巧，而忽视了诚信的重量。事实上，几乎每一场成功的谈判都是以双方的相互信任为基础的，任何一方在谈判中欺骗另一方，都可能会导致谈判的失败。因此，诚信是谈判顺利进行的基石，也是双方合作共赢的保障。

诚者，天之道也；思诚者，人之道也。

——（战国）孟子

古往今来，很多出色的谈判家都是因为在谈判中使用了一些技巧而促成了谈判，而这些技巧也被很多人看作谈判成功的关键，尔虞我诈也就变成了谈判中合理存在的部分。但事实是，谈判并不是尔虞我诈，谈判结果的胜负也不是由技巧的高低决定的。谈判的确需要制定策略，谈判技巧对于谈判的胜利也很重要，但谈判是多变的，没有哪一种策略适合所有的谈判场合，也没有哪一个人能够掌握所有的谈判技巧，想要谈判成功，仅仅依靠技巧是行不通的。

从长远的角度来看，谈判是为了避免直接的利益冲突，谋求共赢发展。想要得到长远的、互利的发展，诚信是必不可少的因素，诚信是合作共赢的基础。只有建立在诚信基础上的谈判，双方才是相互信任的，才可以保证谈判的顺利进行。没有诚信，双方就会时刻保持警惕，即使表面上一片和谐，也可能在背后互相设置陷阱。因此，想要通过谈判促成双方的共同发展，就要以诚信为前提。

诚信才能共赢

谈判是双向或多向的活动，参与谈判的每一方都要恪守诚信交往的原则。为了己方的利益，在谈判中可以使用一些技巧，但要在诚信的基础上，不能欺诈他人。譬如为了争取胜利，在谈判中虚假报价、捏造谎言等行为都是不可取的。君子爱财，取之有道，如果使用一些非常规手段进行竞争，即使赢得了胜利也是胜之不武。谈判人员在进行谈判时不仅代表自己，更是代表着身后的企业或组织。如果在谈判过程中出现不诚信的行为，既不利于谈判的进行，也会伤害双方的关系，甚至让双方反目成仇。如果你希望对方是可信的，就要首先成为能够被相信的那一方，在谈判中恪守诚信原则。这样既有利于双方友好关系的发展，也有利于树立己方诚信友好的形象，对于己方的长远发展也是有好处的。

诚信共赢不是一方的妥协而是双方的共同发展，双方在维护共同利益的同时也要兼顾各自的利益，这样才能长足发展。如果谈判的结果仅仅满足了一方的要求，势必会引起另一方的不满，即使在短时间达成共识，双方也很难有长远的合作进展。因此，想要合作共赢，谈判双方就要加强沟通，不断协商，制订出让双方都满意的方案。同时要求同存异，允许双方在发展理念、目标上存在差异，并能够尊重对方的观点。

比如，两家企业想要合作生产某产品。企业 A 担心通货膨胀、货币贬值，想要降低成本，尽快完工；但企业 B 担心商品质量会受影响，不愿意降低成本。这时，双方企业要加强沟通，在利润和商品之间寻找平衡点，找到让双方都满意的解决方案。而这一合作实现的前提就是双方的诚信交流。

如果谈判双方在谈判中互不信任、互相欺骗，谈判场就会变成唇枪舌剑、尔虞我诈的战场，最终谈判双方只会两败俱伤。这显然不是谈判双方想要看到的结果。为了避免这种结果的发生，需要双方遵守诚信谈判的原则，加强沟通，保证谈判的公平开展，这样既保护了自身利益，又不会被对方欺骗利用。因此，谈判双方应当信任对方，坦诚相待，诚信谈判，这样才能促成双方的合作，实现共赢。

谋求合作的谈判一定要以诚信为基础。没有诚信，谈判双方是难以建立稳定的合作关系的。在猜忌和疑虑中进行谈判，即便双方有合作的欲望也很难有实质性进展，即使想要达成合作也会进行长期的试探。如果谈判双方都能够诚信以对，至少可以保证谈判在一个让双方都很舒适的心理状态下进行，这样合作的概率也会增大。因此，如果想要合作共赢，请务必抛弃那些尔虞我诈的手段，以诚信的态度进行谈判。

参考文献
REFERENCE

[1] [美]艾莉卡·爱瑞儿·福克斯.哈佛谈判心理学[M].美同，译.北京：中国友谊出版公司，2018.

[2] 董道军.谈判心理学[M].北京：中国商业出版社，2021.

[3] 方其.商务谈判：理论、技巧、案例（第3版）[M].北京：中国人民大学出版社，2011.

[4] 房绍娟.会说才会赢[M].哈尔滨：哈尔滨出版社，2012.

[5] 冯光明，冯静雯，余峰.商务谈判：理论、实务与技巧[M].北京：清华大学出版社，2015.

[6] [英]盖温·肯尼迪.谈判[M].祝欣，陈述，译.北京：民主与建设出版社，2018.

[7] 甘华鸣，许立东.谈判[M].北京：中国国际广播出版社，2001.

[8] 高宏.一看就懂的谈判技巧全图解：升级版[M].北京：北京理工大学出版社，2016.

[9] 高天．商用口才：谈判老手 [M]. 北京：北京燕山出版社，2007.

[10] 黄卫平，丁凯，宋洋．国际商务谈判 [M]. 北京：中国人民大学出版社，2011.

[11] 李昂．谈判沟通技巧 [M]. 长春：北方妇女儿童出版社，2019.

[12] 刘瑞军．解码微表情：你不可不懂的微观心理学 [M]. 北京：中国纺织出版社，2013.

[13] [美] 罗杰・费希尔，威廉・尤里，布鲁斯・巴顿．谈判力 [M]. 王燕，罗昕，译．北京：中信出版社，2012.

[14] 马晓云．博赞的艺术 [M]. 北京：中国言实出版社，2014.

[15] 毛国涛．商务谈判 [M]. 北京：北京理工大学出版社，2006.

[16] 庞辉，赵亚南，纪红．国际商务谈判 [M]. 北京：清华大学出版社，2016.

[17] 盛安之．成大事必备的 99 个谈判技巧 [M]. 北京：企业管理出版社，2008.

[18] 宋豫书．优势谈判技巧 [M]. 北京：化学工业出版社，2010.

[19] [日] 藤井一郎．掌控谈判 [M]. 北京：中国友谊出版公司，2020.

[20] 汪华林．商务谈判 [M]. 北京：经济管理出版社，2010.

[21] 王龙．优势谈判心理学 [M]. 天津：天津科学技术出版社，2017.

[22] 王帅．高情商谈判术：一开口就能制胜 [M]. 广州：广东人民出版社，2019.

[23] 王咏．极简谈判术：突破常规思维的 7 个关键 [M]. 杭州：浙江大学出版社，2020.

[24] 谢辉．好好谈判 [M]. 北京：中国友谊出版公司，2019.

[25] 叶会秋，彭太瑞 . 商务谈判 [M]. 北京：科学出版社，2014.

[26] 赵素洁 . 商务谈判 [M]. 北京：冶金工业出版社，2008.

[27] 邹家峰 . 博弈入门：在谈判中收获更多的 86 个博弈技巧 [M]. 北京：中国纺织出版社，2021.